JA, ICH WILL. JA, ICH KANN.

Ich werde reich sein

Joan Pont

Für Cristian

Ich werde reich sein

© Joan Pont Galmés (2024)

Alle Rechte vorbehalten.

1 - AM STARTPUNKT.

Lieber Freund, lassen Sie uns mit einigen Zahlen beginnen:

Der Reichtum ist weltweit sehr ungleichmäßig verteilt. So verfügte im Jahr 2023 mehr als die Hälfte der Weltbevölkerung über ein Vermögen von weniger als 10.000 US-Dollar, während nur 1,2 % über mehr als eine Million Dollar verfügten.

Es gibt viele Möglichkeiten, reich zu werden, z. B. mit Steckteilen, Pachinko-Maschinen und Schweinezucht. Aber wenn Sie Ihre Chancen maximieren wollen, in die jährliche Liste der Reichsten der Welt aufgenommen zu werden, gibt es zehn Branchen, die den häufigsten Weg in den Exklusivitätsclub bieten:

1. Finanzen und Investitionen
372 Milliardäre. 14 % der Gesamtzahl.

Am reichsten: Warren Buffett (106.000 Millionen Dollar), Präsident und CEO von Berkshire Hathaway.

2. Herstellung
324 Milliardäre. 12% der Gesamtzahl.

Am reichsten: Reinhold Würth und Familie ($ 29.700 Millionen), Präsident des Schrauben- und Befestigungsmittelherstellers Würth Group.

3. Technologie

313 Milliardäre. 12% der Gesamtzahl.

Am reichsten: Jeff Bezos (114.000 Millionen Dollar), Gründer von Amazon und Eigentümer der Washington Post und der Raketenfirma Blue Origin.

4. Mode und Einzelhandel

266 Milliardäre. 10 % der Gesamtzahl.

Am reichsten: Bernard Arnault und Familie (211.000 Millionen Dollar), Präsident und CEO des Luxusgüterkonzerns LVMH und reichster Mensch der Welt.

5. Lebensmittel und Getränke

212 Milliardäre. 8 % der Gesamtzahl.

Am reichsten: Zhong Shanshan ($ 68.000 Mio.), Präsident der Wasserflaschenfirma Nongfu Spring. Er kontrolliert auch die börsennotierte Beijing Wantai Biological Pharmacy.

6. Gesundheit

201 Milliardäre. 8 % der Gesamtzahl.

Am reichsten: Cyrus Poonawalla (22.600 Mio. $), Gründer des Serum Institute of India, des weltweit größten Impfstoffherstellers (pro Dosis).

7. Immobiliensektor

193 Milliardäre. 7% der Gesamtzahl.

Am reichsten: Donald Bren ($ 17.400 Millionen), Präsident des kalifornischen Immobilienunternehmens Irvine Co.

8. Vielfältig

187 Milliardäre. 7% der Gesamtzahl.

Am reichsten: Mukesh Ambani (83.400 Mio. $), Präsident von Reliance Industries, mit Beteiligungen an Petrochemie, Öl und Gas, Einzelhandel und Telekommunikation.

9. Energie

100 Milliardäre. 4% der Gesamtzahl.

Am reichsten: George Kaiser ($ 13.300 Millionen), der in den 1960er Jahren die Kaiser-Francis Oil Company seiner Familie übernahm.

10. Medien und Unterhaltung

91 Milliardäre. 3 % der Gesamtzahl.

Am reichsten: Michael Bloomberg (94.500 Millionen Dollar), Mitbegründer des Finanzinformations- und Medienunternehmens Bloomberg LP.

Sind Sie neidisch auf diese Leute? Großartig, das ist ein guter Anfang, denn keiner von ihnen hat es zufällig auf diese Liste geschafft, auch wenn, wie wir später sehen werden, Glück ein wesentlicher Bestandteil der Gleichung ist.

Und was ist der andere, wichtigste Teil? Die Einstellung.

Hätten einige der Milliardäre auf der obigen Liste beschlossen, sich den 3,5 Milliarden Menschen anzuschließen, die ihr ganzes Leben für andere arbeiten, würde ihr Name nicht in goldenen Lettern auf den Fassaden ihrer Firmenzentralen stehen.

UM GELD ZU VERDIENEN, IST ES NOTWENDIG, EIN MATERIELLES ODER IMMATERIELLES GUT, AUCH VERMÖGENSWERT GENANNT, HERZUSTELLEN ODER ZU ERWERBEN UND ES ANDEREN ZU EINEM PREIS ANZUBIETEN, DER HÖHER IST ALS SEIN ERWERB.

Das ist der Grundgedanke, mit dem wir uns in diesem Buch beschäftigen werden.

Das Erkennen von Chancen ist der wichtigste Faktor, und die sekundären Faktoren sind Finanzplanung und Risikokontrolle.

Aber es gibt auch andere Aspekte, die nicht direkt mit dem kapitalistischen Prozess verbunden sind.

DIE VORSTELLUNG VON ARBEIT GEGEN LOHN IST ETWAS, DAS WIR AUS UNSEREM LEBEN VERBANNEN MÜSSEN.

Wenn ein junger Mensch beginnt, nach Möglichkeiten zu suchen, wie er sich die finanziellen Mittel beschaffen kann, die für ein langes Leben von mindestens siebzig Jahren bis zu seinem Tod notwendig sind, findet er Tausende von Möglichkeiten: Klempner, Computerprogrammierer, Kellner, Mechaniker, Maurer, aber das sind nichts weiter als Fallen für ihn, um sich dem Club der Erfolglosen anzuschließen.

Lesen Sie weiter, ich werde versuchen zu erklären, wie Sie den Club der drei Milliarden Gescheiterten verlassen und in den exklusivsten Club eintreten können, an die Spitze der Pyramide

2- WAS IST DAS KAPITALISTISCHE SYSTEM UND WIE KANN ICH ES NUTZEN, UM REICH ZU WERDEN?

Vor fast 250 Jahren schrieb der Wirtschaftswissenschaftler und Philosoph Adam Smith "The Wealth of Nations" (Der Wohlstand der Nationen), in dem er die Geburt einer neuen Form menschlicher Aktivität beschrieb: den industriellen Kapitalismus.

Dieser würde zu einer Anhäufung von Reichtum führen, die er und seine Zeitgenossen sich nicht hätten vorstellen können.

Der Kapitalismus förderte industrielle, technologische und ökologische Revolutionen, gestaltete die natürliche Welt um und veränderte die Rolle des Staates im Verhältnis zur Gesellschaft.

Er hat in den vergangenen zwei Jahrhunderten zahllose Menschen aus der Armut befreit, den Lebensstandard deutlich erhöht und zur Entwicklung von Innovationen geführt, die das menschliche Wohlbefinden radikal verbessert haben.

Als nächstes werden Sie eine Definition des
Kapitalismus lesen. Es ist eine technische Definition, aber sie
ist notwendig, um seine Vorzüge und Schwächen zu
verstehen.

KAPITALISMUS ist ein wirtschaftliches und soziales
System, in dem die Produktionsmittel in Privatbesitz sind,
der Markt als Mechanismus zur effizienten Zuteilung
knapper Ressourcen dient und das Kapital als Quelle des
Reichtums dient.

Die grundlegenden Produktionsfaktoren sind Arbeit
und Kapital. Der Kapitalismus sieht vor, dass die Arbeit im
Austausch gegen einen Geldlohn zur Verfügung gestellt wird
und von den Arbeitnehmern freiwillig angenommen werden
muss. Die Wirtschaftstätigkeit ist so organisiert, dass
Menschen, die über die Produktionsmittel verfügen, einen

wirtschaftlichen Nutzen erzielen und ihr Kapital vermehren können. Die Verteilung von Waren und Dienstleistungen erfolgt über Marktmechanismen, die den Wettbewerb zwischen Unternehmen fördern. Kapitalvermehrung durch Investitionen trägt zur Schaffung von Wohlstand bei. Wenn der Einzelne nach wirtschaftlichem Nutzen und Wettbewerb auf dem Markt strebt, wird der Wohlstand zunehmen. Und mit zunehmendem Wohlstand steigen auch die verfügbaren Ressourcen.

Teil der Kapitalismuskritik ist die Auffassung, dass es sich um ein System handelt, das durch die Ausbeutung der menschlichen Arbeitskraft gekennzeichnet ist, indem es die Arbeit als eine weitere Ware konstituiert. Diese Bedingung sei sein Hauptwiderspruch: private Produktionsmittel mit kollektiver Arbeitskraft, d.h. während im Kapitalismus kollektiv produziert wird, ist der Genuss des erzeugten Reichtums privat, da der private Sektor die Arbeit der Arbeiter mit Löhnen "kauft".

Was wollen wir im kapitalistischen System sein, wenn man bedenkt, dass wir angehende Millionäre sind?

Das ist doch ziemlich klar, oder?

WIR WOLLEN NICHT DIE KOLLEKTIVE ARBEITSKRAFT SEIN, SONDERN PRIVATES KAPITAL GENIESSEN.

Das Finanzsystem, in dem 90 % der Weltbevölkerung leben, ist jedoch in Form einer Pyramide aufgebaut, so dass statistisch gesehen jeder bei seiner Geburt eine 98 %ige Chance hat, Teil der Masse der Arbeit zu sein und nicht in den Genuss der Vorteile der Spitze zu kommen.

Am Fuße der Pyramide gibt es Milliarden von Arbeitnehmern, die ihre Arbeitskraft den Unternehmen gegen ein Gehalt zur Verfügung stellen, **ABER WIR**

WOLLEN NICHT EINER VON IHNEN SEIN, ODER?

EIN SEHR WICHTIGER PUNKT, UM DIESES ZIEL ZU ERREICHEN, IST DIE EINSTELLUNG.

Oft entscheiden sich junge Arbeitnehmer für ein Leben an der Basis der Pyramide, weil sie die Ruhe eines festen Gehalts jede Woche oder jeden Monat anstreben oder weil ihre Familien schon immer zur Arbeiterklasse gehörten und der Wunsch nach einem Statuswechsel nicht die notwendige Unterstützung oder Begeisterung erfährt. In diesen Fällen wird das Scheitern in der Wirtschaft als Strafe für die Person angesehen, die versucht, eine andere soziale Ebene zu erreichen, und stellt eine sehr schwer zu überwindende psychologische Barriere dar.

Bei den erfolgreichen Unternehmern, die aus armen Arbeiterfamilien stammen, handelt es sich häufig um Personen, die ihr Zuhause sehr bald verlassen haben, um außerhalb der Stadt zu studieren oder in anderen Ländern zu arbeiten, und die sich nicht mehr durch den mangelnden Ehrgeiz ihrer Familien einschränken lassen.

Stattdessen bewundern diese Menschen, die sich nicht trauen, sich zu ändern, die Menschen, die es geschafft haben, und denken, dass sie es nie schaffen werden.

Sehen wir uns einige Beispiele für die Entwicklung der führenden Milliardäre an, deren Familien nicht an der Spitze der kapitalistischen Pyramide standen:

1 - Elon Musk. Musk verbrachte seine Kindheit in Pretoria, Südafrika, und steckte seine Nase in Bücher und Computer. Er war ein kleines, introvertiertes Kind, das von seinen Mitschülern geächtet und von den Großen der Klasse regelmäßig verprügelt wurde. Obwohl er bereits im Alter von 10 Jahren ein Videospiel entwickelt und an ein Unternehmen verkauft hatte, begann er seine erfolgreiche Karriere in der Geschäftswelt erst, als er sich von seiner Familie unabhängig machte und sich im Sommer 1995 in Silicon Valley, Kalifornien, USA, niederließ.

Das Beispiel von Elon Musk zeigt uns, dass es in vielen Fällen die beste Lösung ist, sich dem Einfluss der Menschen in seinem Umfeld zu entziehen, um sein Unternehmen zu gründen, ohne befürchten zu müssen, im Falle eines Scheiterns kritisiert zu werden, z. B. indem man die Stadt oder das Land wechselt.

2 - Jan Koum.

Dieser 1976 in Kiew (Ukraine) geborene Mann musste im Alter von 16 Jahren seinen Vater zurücklassen, um zusammen mit seiner Mutter und seiner Großmutter neue Chancen in den Vereinigten Staaten zu suchen. Um die Stabilität der Familie und die kleine Wohnung, die sie bekamen, aufrechtzuerhalten, musste Koum in einem Supermarkt arbeiten, und die Mutter arbeitete als

Babysitterin; dennoch reichte das Einkommen der Familie nicht aus, um sich gut zu ernähren; deshalb mussten sie ein Sozialschutzprogramm in Anspruch nehmen und Wochenkarten, so genannte "Lebensmittelmarken", erhalten, um in einem Gemeinschaftsspeisesaal Essen zu bekommen.

Während dieser harten Jahre entdeckte Koum seine große Leidenschaft für Technologie und lernte autodidaktisch das Programmieren. Jahre später, nachdem er bei mehreren Technologieunternehmen im Silicon Valley gearbeitet hatte, entwickelte er 2009 zusammen mit seinem Freund Brian Acton die erste Version von WhatsApp.

Die App gewann nach und nach an Popularität und erregte die Aufmerksamkeit von Mark Zuckerberg, dem Gründer von Facebook. Zwei Jahre lang führten sie

Verhandlungen. Als Jan Koum schließlich beschloss, seine App für 19 Milliarden Dollar an Facebook zu verkaufen, stellte der Ukrainer eine Bedingung an Zuckerberg: Der Vertrag sollte an demselben Ort unterzeichnet werden, an dem er und seine Mutter Tag für Tag im öffentlichen Speisesaal saßen, um ihr Essen zu bekommen. Dank dieses Verkaufs wurde Jan Koum zu einem der reichsten Geschäftsleute der Welt mit einem Privatvermögen von mehr als 10 Milliarden Dollar.

Dies ist ein weiteres Beispiel dafür, dass sich ein Milliardär von seiner Familie entfernt, auch wenn er sich nicht völlig von ihr trennt, um eine Veränderung seines sozialen Status zu erreichen.

Wenn man sich das Leben dieser Menschen anschaut, die an die Spitze der Pyramide gelangt sind, wird deutlich, was wir tun müssen, wenn unsere Familie an der Basis der Pyramide angesiedelt ist und wir wissen, dass sie uns bei unseren Projekten nicht unterstützen wird: Wir müssen uns von ihr lösen.

Aber weggehen bedeutet nicht, sich zu trennen. Familienbande sind im Leben aller Menschen sehr wichtig.

Wenn das Geschäft in Gang kommt, brauchen wir die moralische Unterstützung der Menschen, die uns lieben.

Wenn Sie dieses Buch lesen und Kinder haben, müssen Sie sie natürlich ermutigen, Zukunftsprojekte zu verfolgen, um ihren sozialen Status zu verändern. Wenn Arbeiterfamilien ihre Kinder ermutigen, zu studieren, um in der sozialen Pyramide aufzusteigen, geht es oft darum, einen guten Job zu bekommen. Die Wirtschaft ist nie das erste, was auf der Liste der idealen Berufe erscheint.

"Wenn du studierst, kannst du ein guter Arzt, ein guter Anwalt oder ein guter Ingenieur werden", das sind die am häufigsten wiederholten Sätze in Arbeiterfamilien, in denen die Menschen, die im Geschäftsleben erfolgreich sind und denen die Unternehmen gehören, in denen sie seit

Generationen gearbeitet haben, Menschen sind, die besondere Qualitäten besitzen, die es in ihren eigenen Familien nicht gibt.

Wenn es für Sie als Mutter oder Vater zu spät ist, Ihr Leben zu ändern, dann müssen Sie zumindest Ihren Kindern vermitteln, dass sie diejenigen, die in der Wirtschaft erfolgreich sind, als etwas ansehen können, das auch sie erreichen können, etwas, das in ihrer Reichweite liegt und nicht nur in einigen sehr privilegierten Familien zu finden ist.

MEIN KIND, WENN DU WILLST, KANNST DU EIGENTÜMER DEINES UNTERNEHMENS WERDEN UND ANGESTELLTE HABEN, DIE FÜR DICH ARBEITEN.

ES IST NICHT NOTWENDIG, IMMER FÜR ANDERE ZU ARBEITEN, WIE WIR ES GETAN HABEN.

In allen wohlhabenden Familien gab es irgendwann einen Menschen, der sich von seiner bescheidenen Herkunft distanzierte und versuchte, sich zu ändern, oft gegen den Widerstand seiner Umgebung. Und wenn es diesen

Menschen gelang, reich zu werden, brachten sie die nächsten Generationen dazu, zu denken, dass sie das erworbene Recht hätten, an der Spitze der Pyramide zu bleiben, und so fuhren sie mit dem Ziel fort, ihr Vermögen zu vergrößern, und normalerweise, wenn das Ziel klar und definiert ist, gelingt es der Person, es früher oder später zu erreichen.

DIE EINSTELLUNG IST DAS WICHTIGSTE, BEVOR MAN EIN UNTERNEHMEN GRÜNDET.

3 - AUF DER SUCHE NACH MÖGLICHKEITEN.

Dies ist der ideale Zeitpunkt, um sich an unser grundlegendes Ziel zu erinnern:

REICH SEIN

Um unser Ziel zu erreichen, ist es notwendig, eine gewerbliche Tätigkeit auszuüben.

Handel ist eine gewinnorientierte Tätigkeit, die aus dem Austausch von Waren oder Dienstleistungen zwischen einem Produzenten oder Bieter und einem Verbraucher oder Antragsteller besteht. Der Austausch oder die Transaktion findet auf dem Wirtschaftsmarkt statt, der ein physischer oder virtueller Raum sein kann.

Die erste Schwierigkeit, auf die derjenige stößt, der Geschäfte machen will, besteht darin, die richtigen Möglichkeiten zu erkennen. Wenn dieser erste Impuls erfolgreich ist, wird der weitere Weg viel einfacher sein.

Manche Gelegenheiten sind relativ einfach zu finden, aber das ist nicht immer der Fall. Sie müssen sich Fähigkeiten aneignen, die Ihnen dabei helfen, Chancen zu erkennen, die Sie sich vorher vielleicht nicht einmal vorstellen konnten. Sie müssen auch wissen, welche Möglichkeiten sich lohnen und welche Ihrem Unternehmen nicht helfen werden.

Manchmal reicht es aus, sich nach den Bedürfnissen der Menschen umzusehen: Gibt es Restaurants, die in der Stadt fehlen? Brauchen bereits bestehende Unternehmen schnellere und flexiblere Lieferanten für ihre Lieferungen? Sind Händler gezwungen, ein Produkt, das ich hier herstellen könnte, aus dem Ausland zu importieren? Hat die Stadt nicht genügend Tiefgaragenplätze und kann ich leere Solaranlagen nutzen, um mehr Plätze zu bauen und zu verkaufen? Solche Fragen müssen wir uns stellen, wenn wir neue Möglichkeiten ausloten. Es ist eine wichtige Aufgabe, darauf zu achten, was sie tun und was die Händler in Ihrer Gegend nicht tun. Wenn Sie sehen, dass jemand eine Gelegenheit ergreift, die Ihnen attraktiv erscheint, können Sie überlegen, ob dies auch für Sie eine gute Gelegenheit sein könnte. Sie sollten die Händler in Ihrer Stadt oder in dem Segment, in dem Sie einsteigen möchten, regelmäßig kontrollieren. Auf diese Weise können Sie ihre Stärken und Schwächen verfolgen und gleichzeitig nach neuen Chancen Ausschau halten, die sie entdeckt und verpasst haben.

Fragen Sie sich, was als Nächstes kommt. Welche Technologie oder welcher Durchbruch wird bald kommen, und wie wird dies die Geschäftslandschaft, wie wir sie kennen, verändern? Können Sie der Zeit voraus sein?

Hätten die Menschen lieber weniger von einer schlechten Sache als mehr von einer guten Sache? Wenn Ihr

Unternehmen ein Problem für Ihre Kunden lösen kann, werden sie es Ihnen danken.

Wenden Sie Ihre Fähigkeiten auf ein ganz neues Gebiet an. Viele Unternehmen und Branchen machen Dinge auf eine bestimmte Art und Weise, weil sie es schon immer so gemacht haben. In solchen Fällen kann ein neues Paar Augen aus einer neuen Perspektive einen Unterschied machen.

Nutzen Sie den Ansatz: besser, billiger und schneller. Haben Sie eine Geschäftsidee, die nicht völlig neu ist? Wenn ja, dann denken Sie über die aktuellen Angebote nach und überlegen Sie, wie Sie etwas besser, billiger oder schneller machen können.

Neue Möglichkeiten können sich nicht nur in Ihrem unmittelbaren Umfeld ergeben, sondern auch durch Faktoren, die die Makroökonomie beeinflussen, wie z. B.:

- Wirtschaftliche Veränderungen
- Handelspolitische Maßnahmen
- Soziale und kulturelle Normen.
- Staatliche Politik und Vorschriften
- Wissenschaftliche Fortschritte
- Neue technologische Entwicklungen

Um die besten Ideen zu haben, muss man manchmal über den Tellerrand hinausschauen und innovativ denken, was auch bedeuten kann, dass man sich in anderen Ländern inspirieren lässt. Sie können sehen, wie andere Unternehmen den Weg vorgeben, und prüfen, ob es etwas gibt, das Sie nachahmen können.

Schauen Sie sich nur an, wie die Popularität von Airbnb, Uber und Deliveroo durch eine ähnliche Peer-to-Peer-Plattform gewachsen ist. Alle diese Unternehmen sind zwar in sehr unterschiedlichen Branchen tätig, aber die Art und Weise, wie sie ihre Geschäfte gestaltet haben, ist ein Modell, das andere Geschäftsinitiativen nachahmen können.

Zwei von drei Personen, die im letzten Jahr ein Unternehmen gegründet haben, taten dies, weil sie eine

Chance erkannt hatten. Die aufmerksame Natur und die angeborene Neugier vieler Unternehmensgründer sind zwei Eigenschaften, die ihnen das Erkennen von Geschäftsmöglichkeiten zweifellos erleichtern. Problematisch wird es, wenn diese Visionäre nicht in der Lage sind, zwischen echten Chancen und irreführenden Gelegenheiten zu unterscheiden. Viele sehen eine Chance, wenn sie eine Marktlücke entdecken, ohne zu analysieren, ob es wirklich unbefriedigte persönliche Bedürfnisse gibt. Das heißt, sie prüfen nicht, ob die Idee ein potenzielles Publikum hat. Eine weitere Falle ist die Annahme, dass jedes innovative Produkt eine hervorragende Geschäftsmöglichkeit darstellt. Viele innovative Produkte scheitern, weil sie in der Herstellung zu teuer sind oder weil die Öffentlichkeit keinen Nutzen darin sieht.

Die Ideen zur Gründung eines Unternehmens, das uns zu Erfolg und Reichtum führen kann, sind unerschöpflich, aber einige davon sind vielleicht die folgenden:

Reinigungs-, Wäsche- und Bügelagenturen.

Ein Ort zum Waschen und Trocknen von Wäsche, ein umfassender Reinigungs- und Bügelservice, eine Agentur, die Haushalten und Unternehmen das nötige Personal für die

Reinigung von Geschäften oder Wohnungen schickt... Die Kosten für den Start sind natürlich höher, da sie Instrumente, qualifizierte Räumlichkeiten und Arbeitskräfte erfordern, aber diese Arten von Dienstleistungen sind immer sehr gefragt.

Bewerbungen für Touristenunterkünfte.

Wohnen Sie in einem touristischen Gebiet? Dann könnte Ihr Geschäft darin bestehen, eine mobile Anwendung zu erstellen, mit der Sie Wohnungen, Landhäuser, Unterkünfte ... für Menschen anbieten, die zu bestimmten Terminen kommen, um dort ihren Urlaub zu verbringen. Das Wichtigste ist, ein gutes Portfolio von Eigentümern zu erstellen, die bereit sind, diese Unterkünfte anzubieten, und Ihre Anwendung in den sozialen Netzwerken zu bewerben.

Hochzeitsplanung.

Hochzeitsplaner sind Spezialisten, die dafür sorgen, dass der schönste Tag im Leben vieler Menschen nur in guter und nicht in schlechter Erinnerung bleibt. Wenn Sie gut im Organisieren von Veranstaltungen sind und Erfahrungen in diesem Bereich sammeln, haben Sie den wichtigsten Teil bereits erledigt. Der nächste Schritt: Werben

Sie für Ihr Unternehmen und bieten Sie ein Unterscheidungsmerkmal, das die Aufmerksamkeit potenzieller Kunden auf sich zieht und Sie vom Rest der Konkurrenz abhebt.

Animation von Kinderpartys.

Diese Art von Geschäft ist sehr beliebt, wenn Sie Kinder mögen. Gesichtsbemalung, Luftballon-Ziehen, Geschichtenerzählen und endlose Aktivitäten können das Herzstück Ihres Angebots bilden, aber vergessen Sie nicht, eine Aktivität anzubieten, die Sie von den anderen Animationsfirmen unterscheidet: Können Sie Zaubertricks? Sind Ihre Geschichten interaktiv? Vergessen Sie nicht, eine fröhliche und auffällige Website zu erstellen, die die Aufmerksamkeit der Erwachsenen erregt, die Sie einstellen werden.

Unterkunft für ausländische Studenten.

Wie bei den Bewerbungen für Touristenunterkünfte können Sie der perfekte Vermittler sein, um Studenten aus dem Ausland eine Unterkunft anzubieten. Wenn Sie in einer Stadt mit einem Universitätscampus leben, kann dies sogar noch interessanter sein, da viele Studenten aus dem

Hochschulbereich in andere Länder reisen, um die Sprache zu lernen oder ihr Studium abzuschließen.

Luftaufnahmen (und Videos) mit Drohnen.

Viele Unternehmen benötigen die Dienste von Drohnenexperten für Luftaufnahmen (z. B. um den Zustand eines Baumes oder eines Feldes zu dokumentieren oder um Schäden nach einer Naturkatastrophe zu beurteilen). Es gibt auch audiovisuelle Unternehmen, die eine Drohne für Videoaufnahmen einer bestimmten Szene benötigen. Haben Sie eine Genehmigung zum Fliegen von Drohnen? Hier ist Ihr Geschäft.

Escape Rooms.

Es stimmt, dass der Boom der Escape-Rooms vorbei ist (auch wenn es sie weiterhin gibt), aber was sich durchsetzt, ist die Installation von abnehmbaren Escape-Spielen in Räumen wie Schulen, Unternehmen, im Freien..., zu bestimmten Veranstaltungen. Wenn Sie also wissen, wie man ein Escape Game aufbaut, liegt Ihre Chance in solchen Einrichtungen: Setzen Sie sich mit ihnen in Verbindung und bieten Sie ihnen Ihre Dienste und Ihre Fantasie an.

Reparatur von elektronischen Geräten.

Dies hängt mit dem Modell der Nachhaltigkeit und der Kreislaufwirtschaft zusammen. War es vor langer Zeit noch so, dass man ein Gerät kaufte und das alte loswurde, so hat sich dieser Trend nun umgekehrt und es besteht die Tendenz, die Lebensdauer dieser Geräte so weit wie möglich zu verlängern. Dieser Trend wird stark von der Ökologie und dem Recycling von Metallen und seltenen Erden beeinflusst.

Flotte von Lieferfahrern.

Dies ist eines der Unternehmen, die eine Anfangsinvestition erfordern, da Sie eine Gruppe von Arbeitnehmern registrieren müssen, bevor Sie anfangen, aber andererseits können Sie auch eine vorherige Studie unter den Restaurants in der Gegend durchführen, mit der Sie zusammenarbeiten werden, um zu wissen, wie viele potenzielle Kunden Sie haben und ob dieses zunehmend wachsende Geschäftsmodell lebensfähig ist.

Es gibt viele Beispiele von Menschen, die ohne vorherige Erfahrung im Geschäftsleben eine brillante Idee haben und es an die Spitze der Pyramide schaffen.

Sehen wir uns einige an:

Diane Hendricks

Hendricks glaubt an den amerikanischen Traum, weil sie ihn gelebt hat. Als Mutter im Teenageralter, die einst als Kellnerin arbeitete, um ihre Rechnungen zu bezahlen, war sie 1982 Mitbegründerin von ABC Supply und baute das Unternehmen zum landesweit größten Großhändler für Dächer, Abdeckungen und Fenster auf. Im Jahr 2007 setzte Hendricks die rasche Expansion des Unternehmens fort, indem sie Konkurrenten aufkaufte und die Anzahl der Geschäfte auf 900 verdoppelte. Der Umsatz erreichte im Jahr 2021 einen Rekordwert von 15 Milliarden Dollar. "In diesem Jahr werden wir etwa 18 Milliarden Dollar Umsatz machen." sagt Hendricks. "Es ist kein kleines Unternehmen mehr."

Wu Yajun

Sie ist die zweitreichste Frau in China. Sie wurde in eine bescheidene Familie hineingeboren, aber ihre Visionen führten sie zur Gründung von Longfor Properties, einer Immobilienentwicklungsgesellschaft, mit der sie ein Vermögen erwirtschaften konnte, das derzeit auf 8,3 Milliarden Dollar geschätzt wird. Wu Yajun hat sich von einer Fabrikarbeiterin, die 16 Dollar im Monat verdiente, zu einer der reichsten Frauen der Welt entwickelt. Nachdem sie beim Kauf ihrer ersten Wohnung mit einer Vielzahl von Problemen konfrontiert wurde, wie z. B. Gebäuden ohne Erdgas, mit wenig Sonnenlicht oder ohne Aufzug, beschloss Wu 1993, das zu gründen, was später zu Longfor Properties wurde.

4- WIE SIE IHR UNTERNEHMEN GRÜNDEN. DIE SUCHE NACH FINANZIELLEM KAPITAL.

Einige Unternehmen benötigen fast kein Kapital, um gegründet zu werden. Zum Beispiel Unternehmensberatung, grafische Künste, Buchhaltung, um nur einige zu nennen. Andere erfordern ein enormes Kapital: Stahlherstellung, Automobilbau und viele andere.

Die Höhe der Anfangsinvestitionen, die jedes Unternehmen benötigt, ist eine Frage der Ziele, der Ambitionen, der Art des Unternehmens sowie der Größe des Marktes und des Wachstums- und Investitionspotenzials. Es gibt unterschiedliche Potenziale und Strategien für die verschiedenen Unternehmen. Einige sind Unternehmen mit einer großen kritischen Masse (der Punkt, an dem ein wachsendes Unternehmen autark wird und keine zusätzlichen Investitionen mehr benötigt, um wirtschaftlich lebensfähig zu bleiben), die stark wachsen müssen, sonst werden sie nicht erfolgreich sein. Einige sind leichter organisch zu wachsen. Manchmal ist die Geschäftschance so groß, dass es gut ist, sie mit Investoren zu teilen und weniger Eigentum zu behalten, weil sich die Investition sehr gut auszahlen kann. In anderen Fällen ist es ein großartiges potenzielles Geschäft für die Eigentümer, aber nicht für die Investoren.

Auf manchen Märkten ist es einfacher, eine Finanzierung zu erhalten als auf anderen. Angel Investing zum Beispiel (eine Form der privaten Kapitalbeteiligung, bei der ein einzelner Investor Kapital für ein Start-up oder ein Unternehmen in der Frühphase bereitstellt) ist in Industrieländern einfacher als in Entwicklungsländern. Gelder von Stiftungen und NROs sind in Afrika und Lateinamerika wichtiger als in den Vereinigten Staaten. Der Gründer eines Unternehmens in Afrika hat es viel schwerer als der Gründer in den USA, im Vereinigten Königreich usw.

Externe Investitionen sind viel leichter zu erhalten, wenn die Gründer bereits neue Unternehmen gegründet haben, als wenn es das erste Mal ist. Glaubwürdige Gründer haben einen viel leichteren Weg zu externen Investitionen.

Investitionen in Freunde und Familie sind für diejenigen, die Freunde und Familie mit Ressourcen haben, viel leichter zu bekommen als für diejenigen, die keine haben.

Bankkredite erhalten diejenigen, die über Vermögenswerte verfügen, die sie mit einer Hypothek belasten können, oder die über eine ausreichende Zahlungsfähigkeit verfügen, und nicht diejenigen, die dies nicht haben.

Es gibt keine exakte Methode, um an das Kapital für die Gründung Ihres Unternehmens zu kommen, aber es existiert, es ist da und Ihre Aufgabe ist es, alles zu tun, um es zu bekommen, während Sie gegen die "kein Geld"-Mentalität ankämpfen.

Oft war die "kein Geld"-Mentalität nur eine weitere Ausrede, um ein mögliches Scheitern zu vermeiden. Viele Menschen, die gerne ein Unternehmen gründen würden, bleiben jahrelang in der "Schuldfrage" gefangen, mit Argumenten wie diesen:

"Ich hasse es; wir werden immer in dieser schlechten Wirtschaft gefangen sein. Wann wird sich das ändern?"

"Es ist unmöglich, auf diesem Markt zu konkurrieren. Diese Wettbewerber halten sich nicht an die Regeln!"

"Meine Lehrer unterrichten den Unterricht nicht richtig. Ich verstehe nichts!"

"Meine Eltern unterstützen meine Träume nicht, und ich schaffe es nicht allein."

Wir müssen vorsichtig sein, wenn wir in diese Opfergedanken verfallen. Dies ist oft eine unbewusste Geisteshaltung. Mit diesen Ausreden können wir unsere Unfähigkeit, die Herausforderungen des Lebens zu meistern, gegenüber der Gesellschaft und der Welt um uns herum perfekt rechtfertigen.

WENN ES DER MANGEL AN KAPITAL IST, DER SIE DAVON ABHÄLT, IST ES MÖGLICH, DASS SIE EINE SCHLECHTE IDEE HABEN.

Wie lange wollen Sie also noch warten, bis Sie das nötige Kapital für Ihre Startup-Idee finden? Machen Sie täglich Fortschritte? Haben Sie einen Geschäftsplan? Ein Verkaufsargument? Oder sitzen Sie nur herum und schieben die Schuld auf den Rest der Welt?

"Aber Joan, du verstehst das nicht! Ich habe die perfekte Milliarden-Dollar-Idee, ich brauche nur jemanden, der mich Elon Musk vorstellt."

Okay, vielleicht haben Sie die nächste milliardenschwere Idee, aber erkennen Sie an, dass Sie, wenn Sie nicht in der Lage sind, Ihre wunderbare Idee umzusetzen, weitermachen müssen, bis die Zeit reif ist.

WIE AUCH IMMER, DIE GROSSE FRAGE IST: WIE KANN ICH EIN UNTERNEHMEN OHNE KAPITAL GRÜNDEN?

Die Antwort ist:

Kreativität ist kostenlos! Man braucht kein Geld, um etwas zu erfinden. Geistiges Eigentum und Geschäftsgeheimnisse können sehr wertvoll sein. Patente, Marken, Urheberrechte usw.

Disziplin ist kostenlos! Sie brauchen kein Geld, um Ihre persönliche Marke zu schaffen. Bilden Sie sich weiter. Teilen Sie Ihre Ideen über soziale Netzwerke mit der Welt. Schreiben Sie ein Buch. Erstellen Sie Videos. Arbeiten Sie sich in den Bereich der Vordenker vor. Mit der Zeit wird Ihr Name wertvoll sein.

Selbstbildung ist kostenlos! Sie brauchen kein Geld, um Ihre Erfahrung in einer der vielen technologischen

Veränderungen von heute zu erweitern. Die Macht der Selbstbildung ist überall im Internet zu finden.

Ein Beispiel:

Die Kryptowährung Bitcoin wurde 2008 ohne vorherige Investitionen von dem rätselhaften **Satoshi Nakamoto** geschaffen. Nakamoto war die erste Person, die die Kryptowährung schürfte, und zwar zu einer Zeit, als jeder geschürfte Block eine Belohnung von 50 Bitcoins einbrachte, obwohl Bitcoin zu dieser Zeit eine unbekannte Währung war und sein Wert gleich null war.

Im Gegensatz zu den heutigen Bitcoin-Minern teilte Satoshi diese Belohnung nicht mit möglicherweise Tausenden von anderen Mining-Pool-Nutzern, sondern behielt die gesamte Belohnung für sich selbst. Heute liegt der Preis von Bitcoin im fünfstelligen Dollarbereich.

Es wird angenommen, dass Satoshi zwischen Januar und Juli 2009 insgesamt mehr als 1 Million Bitcoins geschürft hat und damit der produktivste Schürfer in der Geschichte von Bitcoin war. Es ist bekannt, dass er sie noch nicht verkauft hat, so dass der aktuelle Wert von Nakamotos Vermögen 12 Milliarden Dollar beträgt.

Wir fahren fort:

Die Ausbildung ist kostenlos! Für die Beratungstätigkeit wird kein Geld benötigt. Ihre Lebenserfahrungen können sehr lukrativ sein, wenn Sie Menschen finden, die bereit sind, dafür zu bezahlen.

Denken ist kostenlos! Sie brauchen kein Geld, um Probleme zu lösen.

Die Nutzung Ihres Wissens ist kostenlos! Wissen ist im digitalen Zeitalter mehr wert als Gold.

ABER ZUSÄTZLICH ZU ALL DEM, WAS MAN BRAUCHT, IST: HARTE ARBEIT!

5- WIE SIE IHR UNTERNEHMEN GRÜNDEN. DEN KAUF EINES UNTERNEHMENS.

Der erste Schritt zum Erwerb eines Unternehmens besteht darin, Unternehmen zu finden, die zum Verkauf stehen, also müssen Sie in Ihrem eigenen Netzwerk nach einem Unternehmen suchen, das zum Verkauf steht. Untersuchungen zeigen, dass die meisten Unternehmensübernahmen innerhalb bestehender Netzwerke stattfinden. Das ist nur logisch, denn wenn Sie den Sektor bereits kennen, ist die Geschäftsentwicklung viel einfacher, auch wenn dies nicht unbedingt erforderlich ist.

Beginnen Sie also mit Ihrem eigenen geschäftlichen und privaten Netzwerk und erwähnen Sie, dass Sie an der Übernahme eines Unternehmens interessiert sind. Sie können auch mit Freunden, Beratungsunternehmen, Ihrer Hausbank sprechen oder Fachzeitschriften konsultieren.

Um eine Vorstellung von der Art des Unternehmens zu bekommen, das Sie suchen, erstellen Sie ein Suchprofil. In diesem Profil fragen Sie, was Sie zu tun gedenken, um das Unternehmen erfolgreich zu machen.

- Was gefällt Ihnen?
- Was können Sie gut?
- Welche Herausforderungen wollen Sie meistern?
- Was gibt Ihnen Energie?
- Was raubt Ihnen Energie?

Die Informationen, die der Verkäufer zur Verfügung gestellt hat, müssen die Grundlage Ihres Geschäftsplans bilden.

Der **GESCHÄFTSPLAN** ist ein Dokument, das es dem Unternehmer ermöglicht, die aktuelle Situation des

Marktes, der Branche und des Umfelds zu analysieren. Der Geschäftsplan sammelt diese Informationen und ermöglicht es dem Unternehmer, sein Unternehmen Investoren, Akzeleratoren usw. vorzustellen und zu erklären, wie es anlaufen wird und was die nächsten Schritte sein werden. Er ist ein lebendiges Dokument, das ständig aktualisiert werden muss.

Der **GESCHÄFTSPLAN** seinerseits beschreibt und analysiert die Möglichkeiten, die sich dem Unternehmen in Abhängigkeit von der Lebensfähigkeit des Sektors bieten. Er legt auch kurz-, mittel- und langfristige Ziele und Erwartungen sowie die Strategien fest, mit denen diese erreicht werden sollen.

Warum sollten Sie einen Geschäftsplan erstellen?

- Der Geschäftsplan dient als Fahrplan und strategische Analyse
- Er ermöglicht es Ihnen, den Sektor und die Konkurrenz zu kennen.
- Er hilft Ihnen, die interne Kohärenz des Projekts zu überprüfen.
- Er untersucht die technische und wirtschaftliche Durchführbarkeit des Projekts.

- Er erleichtert es Ihnen, Ihre Idee potenziellen Investoren, Partnern, Kunden usw. zu vermitteln.

Ein **GESCHÄFTSPLAN** dient dazu, sich die kurzfristige Zukunft vorzustellen.

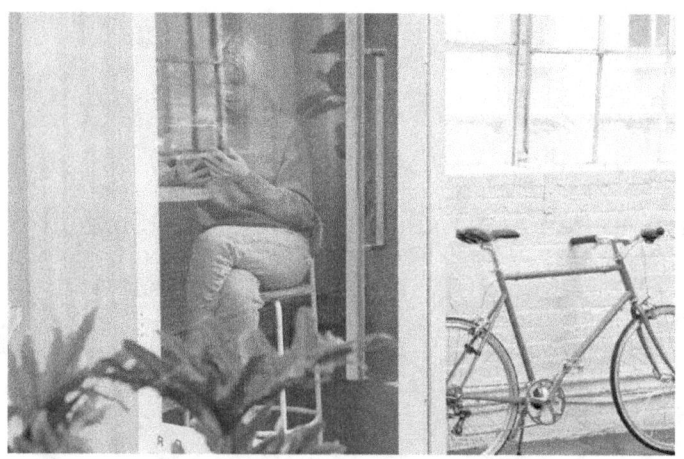

Das wichtigste Ziel eines Businessplans ist es, eine wohlüberlegte Entscheidung zu treffen.

Werfen Sie einen genauen Blick auf die Stärken und Schwächen des Unternehmens, aber auch auf sich selbst als Unternehmer.

Beobachten Sie die Chancen und Risiken für Ihren Markt, nationale oder internationale Entwicklungen und wie diese den Erfolg des Unternehmens beeinflussen.

Sprechen Sie mit Kunden, Lieferanten und Wettbewerbern, hören Sie zu, beobachten Sie und analysieren Sie.

Treffen Sie klare Vereinbarungen mit dem Verkäufer.

Durchsuchen Sie das Handelsregister nach weiteren Informationen, z. B. Geschäftsabschlüssen und Jahreserklärungen.

Auf diese Weise erhalten Sie sicher alle Informationen, die Sie benötigen.

Wir werden die wichtigsten Elemente überprüfen, wenn Sie in ein bereits bestehendes Unternehmen investieren:

1 - Rentabilität.

Sie müssen die potenzielle Rentabilität eines Unternehmens bewerten, bevor Sie Geld darin investieren.

Achten Sie besonders auf diese Faktoren:

- Der Zielmarkt.

- Produktionskosten.

- Betriebsaufwand.

- Und die potenziellen Gewinnmargen.

2 – Bewerten Sie das Risiko.

Die Einschätzung der mit einer Investition verbundenen Risiken ist für einen Unternehmer ein zentraler Faktor. Dies bedeutet unter anderem, über finanzielle, rechtliche, marktbezogene und regulatorische Compliance-Risiken nachzudenken.

3 – Rentabilität: Wie lange wird das Unternehmen nachhaltig sein?

Sie müssen sicher sein, dass das Unternehmen, in das Sie investieren möchten, langfristig eine angemessene Leistung erbringen kann. Dies bedeutet unter anderem die Bewertung der Stabilität des Zielmarktes, der technologischen Ressourcen, der Humanressourcen, der Infrastruktur und der finanziellen Ressourcen.

4 – Flexibilität.

Eine der Grundvoraussetzungen aller Unternehmen ist die Beständigkeit über die Zeit, daher muss der zu erwerbende Unternehmenskandidat flexibel sein, um sich an Marktveränderungen anzupassen. Daher müssen Sie bewerten, ob das Unternehmen in der Lage ist, sich zu verändern und sich an Veränderungen in der Branche und im Umfeld anzupassen.

Und diese anderen Aspekte müssen Sie nicht vergessen:

Habe ich das Geld, um anzufangen? Das benötigte Anfangskapital muss ausreichen, um die anfänglichen Produktions- und Betriebskosten sowie das Betriebskapital zu decken.

Was werde ich tun, um das Unternehmen, das ich kaufen möchte, zu verbessern? Suchen Sie nach neuen Möglichkeiten, die Effizienz Ihres Unternehmens zu verbessern, Kosten zu senken und die Rentabilität zu steigern. Nutzen Sie Prozessautomatisierung: Nutzen Sie Prozessautomatisierung, um Betriebskosten zu senken und die Effizienz zu verbessern.

Bleiben bestehende Kunden treu? Ihre Bemühungen müssen sich auf die Pflege des aktuellen Portfolios profitabler Kunden konzentrieren, aber Sie müssen auch nach neuen Kunden suchen und wettbewerbsfähigere Preise anbieten, um die Nachfrage nach Ihren Dienstleistungen zu steigern. Erwägen Sie, neue Dienstleistungen und Produkte rund um Ihr Unternehmen anzubieten, um neue Kunden zu gewinnen. Bieten Sie beispielsweise Beratungsleistungen an, um zusätzliches Einkommen zu generieren, und bieten Sie Schulungsleistungen an, um Ihren Kunden dabei zu helfen, ihre Fähigkeiten und Kenntnisse zu verbessern. Falls es diese noch nicht gab, können Sie auch Treueprogramme entwickeln, um Ihre Kunden zu belohnen und die Treue zu Ihrer Marke zu fördern.

Entdecken Sie neue Technologien, um den Produktionsprozess zu verbessern und die Betriebskosten zu senken.

Entwickeln Sie Ihre Handelsmarke. Nutzen Sie Marketing, um Ihre Marke und Ihr Unternehmen zu entwickeln und zu fördern und so die Nachfrage und

Rentabilität zu steigern. Einschließlich der persönlichen Marke Ihres Teams.

Nutzen Sie bestehende Beziehungen und erkunden Sie neue Allianzen mit anderen Unternehmen, um Geschäftsmöglichkeiten zu erweitern und die Rentabilität zu steigern.

Erkunden Sie neue Vertriebskanäle, um die Reichweite Ihrer Produkte und Dienstleistungen zu erhöhen.

Erkunden Sie die Möglichkeit, strategische Allianzen mit anderen Unternehmen zu entwickeln, um höhere Einnahmen zu erzielen. (Obwohl die Guten nicht leicht zu finden sind.)

Nutzen Sie digitales Marketing zur Förderung Ihres Unternehmens und Content-Marketing zur Gewinnung neuer Kunden. Nutzen Sie Affiliate-Marketing, um den Web-Traffic zu steigern und höhere Einnahmen zu erzielen.

Erkunden Sie neue Finanzierungsquellen, um Ressourcen für Ihr Unternehmen zu erhalten. Zum Beispiel Crowdsourcing.

Das Fehlen eines korrekten Businessplans ist in der Regel die Ursache für das Scheitern eines jeden vierten Gründers.

Es reicht nicht aus, eine gute Idee zu haben, es ist wichtig zu untersuchen, wie man sie umsetzbar macht. Der Hauptgrund für die Schließung eines neuen Unternehmens liegt darin, dass die Kosten, die der Unternehmer tragen muss, größer sind als der Nutzen.

Die meisten erfolgreichen Projekte werden in bereits bestehenden oder ausgereiften Märkten entwickelt. Die Wahrscheinlichkeit eines Scheiterns steigt, je geringer die

Vorerfahrung und das Wissen über die Branche sind, in der man tätig ist.

Auch wenn das Unternehmen ein gutes Produkt anbietet, ist es so, als hätte er es nicht, wenn der Unternehmer nicht in der Lage ist, es bekannt zu machen und einen angemessenen Vertriebsservice anzubieten.

Anstatt das Scheitern als Fehler zu betrachten, sollte der Unternehmer auf jeden Fall das Gefühl haben, dass es eine Gelegenheit ist, zu lernen und sich für die Zukunft zu verbessern.

Sie müssen aus Misserfolgen lernen und, wenn sie auftreten, nicht zögern, so oft wie nötig von vorne zu beginnen, denn das ist der beste Weg, Ihre Träume zu verwirklichen und die Spitze der Pyramide zu erreichen.

Vitalität zeigt sich nicht nur in der Fähigkeit durchzuhalten, sondern auch in der Fähigkeit, neu anzufangen.

6- DIE RISIKOANALYSE

Die Analyse des Risikos eines Unternehmens beginnt, nachdem alle möglichen Risikoereignisse identifiziert wurden. Die Analyse zielt nicht nur darauf ab, mögliche Verluste abzuschätzen, sondern auch deren Entstehung zu verhindern.

Bei der Kreditrisikoanalyse, einer der Hauptarten finanzieller Risiken, wird beispielsweise die Möglichkeit bewertet, dass ein Schuldner seinen Verpflichtungen nicht nachkommen kann.

Das Finanzrisikomanagement muss die internen und externen Faktoren berücksichtigen, die zu Bedrohungen führen.

Interne Faktoren sind solche, die durch die eigene Geschäftstätigkeit des Unternehmens entstehen. Schlechtes Cash-Management oder Produktionsprobleme sind Risiken, die sich auf die Bilanz und den Marktwert eines Unternehmens auswirken können.

Externe Faktoren wiederum sind die politischen, wirtschaftlichen oder sozialen Bedingungen, die sich auf die Leistung eines Unternehmens auswirken, wie etwa Wirtschaftskrisen, Wechselkursinstabilität, Schwankungen in einer Branche oder staatlicher Politik. Die einfachste Methode zur Durchführung einer finanziellen Risikoanalyse in einem Unternehmen besteht darin, die Eintrittswahrscheinlichkeit eines Risikos und die möglichen wirtschaftlichen Verluste, die es verursachen kann, zu kombinieren.

Um den Risikoidentifizierungsprozess Ihrer Risikoanalyse zu beginnen, sollten Sie sich die folgenden Fragen stellen:

- Wie hoch ist die Wahrscheinlichkeit, dass dieser Risikofall eintritt?
- Welche Auswirkungen und Schwere hätte es, wenn es käme?
- Wie sieht unser Reaktionsplan auf dieses Risiko aus?

- Welche Priorität würden Sie ihr angesichts der Eintrittswahrscheinlichkeit und der möglichen Auswirkungen einräumen?
- Wer trägt die Verantwortung, wenn dieses Risiko Realität wird?

Sobald Sie alle Antworten haben, fahren Sie mit dem Risikomanagementprozess fort, indem Sie Risiken priorisieren, Lösungen vorschlagen und eine regelmäßige Überwachung durchführen.

RISIKEN BEI DER GRÜNDUNG EINES UNTERNEHMENS.

Die Risiken einer Unternehmensgründung können interne Risiken wie der Verlust familiärer Ressourcen, betriebliche Risiken, Spannungen in Ihren persönlichen Beziehungen und externe Risiken wie die Kundenakzeptanz Ihres Produkts oder Ihrer Dienstleistung, Marktveränderungen oder mangelnde Liquidität sein.

UNSICHERHEIT

Das Hauptrisiko bei der Gründung eines Unternehmens ist die Angst vor Ungewissheit, da dies das Ende Ihrer Idee sein kann, bevor Sie beginnen. Es gibt jedoch in allen Ländern der Welt viele beliebte Sprichwörter, um dieses Hindernis zu überwinden, wie zum Beispiel „Wer es nicht tut." Risiko, nicht gewinnen." Man muss bedenken, dass Risiko zu allem im Leben gehört, und nicht weniger, wenn man ein Unternehmen gründet.

VERLUST VON RESSOURCEN.

Wenn Sie für ein monatliches Gehalt gearbeitet haben und Ihren Job aufgegeben haben, um Unternehmer zu werden, verschwindet das feste Einkommen, das Sie jeden

Monat hatten, zusätzlich zu dem Kapital, das Sie in das neue Unternehmen investiert haben.

Wenn Sie den Geschäftsplan und alle damit verbundenen Entscheidungen sorgfältig vorbereiten und analysieren, ist es weniger wahrscheinlich, dass Sie sich diesem Risiko stellen müssen.

OPERATIVE RISIKEN

Managementfehler, Produktionsfehler, rechtliche Risiken ... Planung, Schulung und Organisation sind von entscheidender Bedeutung: Sie müssen Fristen entsprechend den Prioritäten für alle Aktivitäten und Aktionspläne festlegen, die sich aus Ihrem Geschäftsplan ergeben. Es tauchen immer wieder neue Aufgaben auf, doch je besser man plant, trainiert und organisiert, desto weniger Überraschungen erlebt man.

Spannungen in Ihren persönlichen Beziehungen nach langen Arbeitstagen.

Die Gründung eines Unternehmens erfordert viel persönlichen Einsatz, der sich in der Regel in stundenlanger Arbeit niederschlägt. Wenn Sie mit Aktivitäten beginnen, die Sie bereits kontrollieren, können Sie diese bewältigen, ohne

Zeit mit Ihrer Familie und Freunden zu verlieren. Auch bei diesem Risiko hilft Ihnen eine vorherige Planung und Organisation.

EXTERNE RISIKEN DER GRÜNDUNG EINES UNTERNEHMENS

Hierbei handelt es sich um Risiken, die von Ursachen außerhalb des Unternehmens abhängen. Sie können darauf reagieren, aber es hängt nicht von Ihnen ab, ob sie eintreten oder nicht:

Die größere oder geringere Akzeptanz Ihres Produkts oder Ihrer Dienstleistung: Eine gute Marktstudie ist unerlässlich und hilft Ihnen herauszufinden, ob eine Nachfrage besteht. Sie wissen jedoch, wie hoch die Akzeptanz Ihres spezifischen Produkts ist, wenn Sie es auf den Markt bringen. Probieren Sie sie aus, bevor Sie Ihr Unternehmen gründen, und bitten Sie diejenigen, denen Sie vertrauen, um Hilfe. Dadurch können Sie sie perfektionieren, ohne Ihre Marke (persönlich oder Produkt) zu beeinträchtigen.

Veränderungen auf dem Markt: verstärkter Wettbewerb, veränderte Nachfrage usw. Um dieses Risiko zu minimieren, müssen Sie stets informiert und auf Anzeichen von Veränderungen achten. Eine flexible und offene Denkweise ermöglicht es Ihnen, schnell zu reagieren.

Sie können einem möglichen Mangel an Liquidität vorbeugen, indem Sie versuchen, die Kosten, insbesondere die Fixkosten und insbesondere in den ersten Anlaufphasen, so weit wie möglich zu reduzieren. Es ist jedoch möglich, ein Unternehmen ohne Geld zu gründen, wenn Sie einige Tricks kennen, die Ihnen dabei helfen können.

Schließlich und als Folge eines oder mehrerer der oben genannten Geschäftsrisiken kann es sein, dass das Unternehmen trotz aller Planung, Vorbereitung und Bemühungen die von Ihnen gesetzten Ziele nicht innerhalb der festgelegten Fristen erreicht. Der Schlüssel hier liegt darin, sich bewusst zu sein, dass es passieren kann, und es als Gelegenheit zu nutzen, zu lernen und es mit mehr Vorbereitung und Erfahrung weiter zu versuchen.

Wie können die Risiken des Unternehmertums reduziert werden?

- Planung und Organisation
- Erst- und Weiterbildung
- Information
- Konstruktive und offene Mentalität
- Flexible Einstellung zu Veränderungen und Agilität in der Reaktion

Wenn Sie sich bewusst sind, dass diese Risiken bestehen, können Sie auf eventuelle Eventualitäten vorbereitet sein und die auftretenden Herausforderungen konstruktiv und effizient angehen. Daher ist es unerlässlich, im Unternehmen ein korrektes Risikomanagement durchzuführen und die Auswirkungen von Bedrohungen zu minimieren.

Wenn Sie die Risiken des Unternehmertums auf sich nehmen, sich über die Ziele und Motivationen im Klaren sind, die Sie zu diesem Vorhaben bewegen, und Ihren Fokus und Ihre Konzentration auf das Projekt richten, können Sie mit Unsicherheit leben.

BEISPIELE FÜR RISIKEN DER GRÜNDUNG EINES UNTERNEHMENS

Cashflow-Management: Bargeld nicht dann erhalten, wenn Sie es benötigen (sei es durch Finanzierung oder Verkauf) oder überschüssige Ausgaben nicht reduzieren.

Einen Nischenmarkt finden und seinen Wert vermarkten: Das Fehlen einer erfolgreichen Nische ist der zweithäufigste Grund für das Scheitern eines Startups.

Ineffektiver Verkaufstrichter: Auch wenn die Aufmerksamkeit der Kunden erst einmal geweckt ist und sie den Wert verstanden haben, müssen wir sicherstellen, dass wir kontinuierlich Verkäufe generieren. Es ist sehr wichtig, den Verkaufstrichter richtig zu messen und zu sehen, wo er versagt.

Wettbewerb: Ein weiteres Risiko für kleine Unternehmen ist der harte Wettbewerb, insbesondere wenn Ihr Unternehmen mit größeren Organisationen mit mehr Ressourcen konfrontiert ist.

Mangelnde Skalierbarkeit: Wenn wir den Umsatz steigern wollen, aber feststellen, dass die Marktgröße begrenzt ist, müssen wir Produkte und Dienstleistungen diversifizieren und neue Einnahmekanäle pflegen. Durch die Diversifizierung des Geschäfts können übermäßige Investitionen in ein einzelnes Produkt vermieden und der bestehende Kundenstamm aufrechterhalten und gleichzeitig neue Kunden gewonnen werden.

Bürokratie überwinden: Regelverstöße (selbst aus Versehen) können für neue Kleinunternehmen zu immensen Problemen führen. Daher sollten sich neue Unternehmer mit den für ihr Unternehmen geltenden Rechtsvorschriften vertraut machen, einschließlich Zollverfahren, Steuersätzen und -fristen, Verbraucherschutzgesetzen und Sicherheitsanforderungen.

Operative Herausforderungen: Beim operativen Management geht es darum, wie das Unternehmen geführt wird, ob es effizient ist und ob die Zeit der Organisation effektiv genutzt wird. Kleine und mittelständische

Unternehmen laufen Gefahr, von ihren Branchenkollegen überholt zu werden und Zeit mit Aufgaben zu verschwenden, die heute automatisiert werden sollten.

Business Burnout: Ohne einen klaren Kopf kann man ein kleines Unternehmen nicht erfolgreich führen. Wenn Sie gereizt, müde oder vergesslich sind, versuchen Sie, sich Zeit für sich selbst zu nehmen und diszipliniert zu sein, wie viel Ruhe Sie brauchen.

Entscheidung für schnelle Verkaufstaktiken gegenüber langfristiger Entwicklung: Bestimmte Taktiken im E-Commerce-Bereich, wie etwa Dropshipping, sind riskant, da sie kurzfristige Gewinne über langfristige Nachhaltigkeit stellen.

Expansion in einen neuen Markt: Während die Verlagerung neuer kleiner Unternehmen mit Risiken verbunden ist, wie z. B. neue kulturelle Bräuche, die sie erlernen müssen, und rechtliche Rahmenbedingungen, die sie einhalten müssen, sind die betrieblichen Komplexitäten schlanker denn je geworden.

Sehen wir uns nun ein Beispiel für einen Misserfolg und einen Erfolg an:

Segway

Segway war ein innovatives Unternehmen, das mit dem Symbol der Mobilitätsrevolution auftrat, aber ein trauriges Ende nahm. Die Geschichte von Segway macht das Unternehmen seiner Zeit wirklich voraus.

Segway wurde 2001 mit dem Versprechen ins Leben gerufen, die Art und Weise, wie Menschen sich in der Stadt fortbewegen, zu revolutionieren, und war dabei mit allen möglichen Hindernissen konfrontiert. Während seiner gesamten Reise gelang es ihm nicht, etwas zu erreichen, was für sein langfristiges Überleben entscheidend ist: profitabel zu sein.

Die Produktion des ursprünglichen Zweiradfahrzeugs, das bei Reiseleitern und Sicherheitspersonal (nicht so sehr in der breiten Öffentlichkeit) sehr beliebt war, wurde eingestellt, als das Werk in New Hampshire (in den USA) beschloss, die Produktion des endgültigen Fahrzeugs einzustellen.

Der vom amerikanischen Ingenieur Dean Kamen erfundene Segway debütierte erfolgreich, hatte jedoch Probleme, die Öffentlichkeit anzulocken. Darüber hinaus gewannen die wiederholten Unfälle in den Medien und Netzwerken an Popularität, was ihre Massenwirksamkeit erheblich untergrub.

Das 2015 von seinem chinesischen Konkurrenten Ninebot gekaufte Fahrzeug war ebenfalls Gegenstand von Witzen und war sogar in Unfälle mit sehr berühmten Persönlichkeiten verwickelt.

Unter den Stürzen mit dem eigentümlichen Transportmittel, das eine einfache Handhabung versprach, ist vor allem der ehemalige US-Präsident George W. Bush im Jahr 2003 in Erinnerung geblieben. Ein weiterer Vorfall, der den innovativen Transport am meisten prägte, ereignete sich mitten in der Leichtathletik-Weltmeisterschaft. im Jahr 2015, als der Jamaikaner Usain Bolt auf einem Segway von einem Kameramann überfahren wurde, während der Athlet seinen vierten Sieg in Folge im 200-Meter-Lauf feierte.

Das tragische Ende des Unternehmens kam jedoch, als der millionenschwere Firmeninhaber starb, nachdem er im

Vereinigten Königreich von einer Klippe gestürzt war, während er eines der Fahrzeuge benutzte. James William Heselden stürzte mit seinem Segway in West Yorkshire in den Fluss Wharfe, nur zehn Monate nach dem Kauf des Unternehmens im Jahr 2009.

PFIZER

Das Pharmaunternehmen Pfizer wurde 1849 dank des Chemikers Charles Pfizer und des Konditors Charles Erhart gegründet. Beide waren deutsche Einwanderer, die kürzlich in den Vereinigten Staaten angekommen waren.

Die ursprüngliche Geschäftsidee war der Verkauf von Feinchemikalien. Pfizers Vater gewährte den Unternehmern einen Kredit, damit sie ihre Fabrik in Brooklyn eröffnen konnten. Sein erstes Medikament war ein Mittel gegen Magenwürmer, das zunächst sehr schlecht schmeckte, bis man beschloss, ihm einen Bonbongeschmack zu geben.

Charles Pfizer war derjenige mit den meisten Führungsqualitäten. Auch an Arbeitsfähigkeit mangelte es ihm nicht: Pfizer begann, seine Produkte von Haus zu Haus zu verteilen, zunächst zu Fuß und dann mit der Kutsche.

Um 1862 machte der Bürgerkrieg die Produktion großer Mengen an Analgetika und Antiseptika für die Armee erforderlich. Dadurch konnte das Unternehmen seine Produktion erweitern. Es wurde sogar zum Hauptlieferanten chemischer Produkte im Land.

Bis 1868 hatten sich die Einnahmen von Pfizer verdoppelt. Zudem sei das Angebot erheblich gewachsen. Außerdem wurden Medikamente, Konservierungsmittel und Desinfektionsmittel hergestellt.

Im Jahr 1936 wurde Pfizer zum weltweit führenden Hersteller von Vitamin C.

Fünf Jahre später forderte die Regierung der Vereinigten Staaten das Pharmaunternehmen auf, die Herstellung von Penicillin zu beschleunigen. Damals gab der Zweite Weltkrieg dem Unternehmen neuen Auftrieb.

Terramycin war das erste von Pfizer patentierte Medikament. Seine Kapazität zur Massenproduktion ermöglichte es ihm, der größte Hersteller der Welt zu werden.

Im Jahr 1952 beschloss Pfizer, seine Forschungsrichtungen zu fördern und gründete seine Agrarabteilung. Auf diese Weise begann er, sich mit der Tiergesundheit zu befassen.

Nur drei Jahre später war das Unternehmen bereits in Ländern wie Kanada, Brasilien, Panama, Puerto Rico, Kuba, Belgien und England tätig.

Im Jahr 1960 erreichte das Unternehmen die größte Diversifizierung seiner Geschichte. Es wurde alles hergestellt, von Medikamenten bis hin zu Parfüms. Darüber hinaus umfasste der Markt petrochemische Produkte sowie den Tier- und Heimtierbereich.

Von diesem Jahrzehnt an erweiterte Pfizer seine Forschungsbasis und setzte seine Innovationen in der Pharmaindustrie fort.

Der größte Verkaufsschlager von Pfizer war die blaue Pille Viagra. Als blutdrucksenkendes Mittel formuliert, ermöglichten seine Nebenwirkungen seinen Einsatz zur Behandlung der erektilen Dysfunktion.

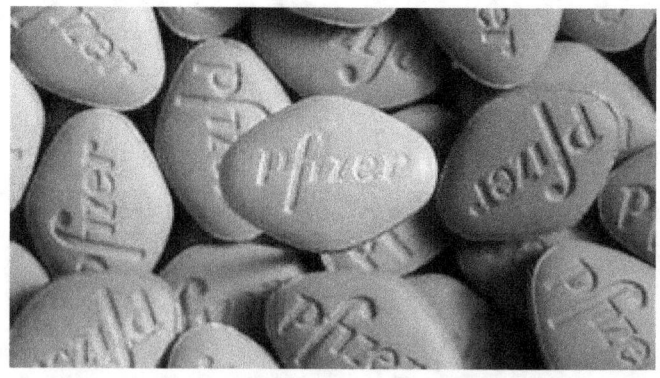

Diversifizierung ist seit der Gründung der Schlüssel zum Erfolg von Pfizer.

7 - OUTSOURCING. EIN STRATEGISCHER ANSATZ ZUR KOSTENSENKUNG.

Outsourcing ist schon seit geraumer Zeit ein Schlagwort in der Geschäftswelt. Dabei handelt es sich um den Prozess, bei dem ein externes Unternehmen mit der Abwicklung bestimmter Geschäftsfunktionen beauftragt wird, anstatt diese intern auszuführen. Outsourcing ist ein strategischer Ansatz zur Kostensenkung, der Unternehmen jeder Größe mehrere Vorteile bieten kann.

Einsparmaßnahmen

Einer der wichtigsten Vorteile des Outsourcings sind Kosteneinsparungen. Durch die Auslagerung bestimmter

Funktionen können Unternehmen ihre Gemeinkosten wie Gehälter, Sozialleistungen und Büroflächen reduzieren. Durch Outsourcing können Unternehmen zudem zu geringeren Kosten auf spezielle Fähigkeiten und Kenntnisse zugreifen als bei der Einstellung von Vollzeitmitarbeitern. Beispielsweise kann ein Unternehmen seine Online-Marketing-Abteilung an einen Drittanbieter auslagern und so Kosten für die Einstellung und Schulung von Marketingfachleuten sparen.

Grössere Effizienz

Outsourcing kann auch die Effizienz eines Unternehmens steigern, indem es ihm ermöglicht, sich auf seine Kerngeschäftsfunktionen zu konzentrieren. Durch die Auslagerung von Nebenfunktionen wie Gehaltsabrechnung, Buchhaltung und Kundendienst können Unternehmen Zeit und Ressourcen freisetzen, um sich auf ihre Kernziele zu konzentrieren. Diese gesteigerte Effizienz kann zu höherer Produktivität und Rentabilität führen.

Zugang zu speziellen Fähigkeiten und Erfahrungen

Outsourcing ermöglicht den Zugriff auf spezielle Fähigkeiten und Kenntnisse, die intern möglicherweise nicht verfügbar sind. Beispielsweise kann ein Unternehmen seine Marketingabteilung an einen Drittanbieter auslagern, der auf digitales Marketing spezialisiert ist. Dadurch kann das Unternehmen die neuesten Marketingtechniken und -technologien nutzen, ohne in Schulungen investieren oder neue Mitarbeiter einstellen zu müssen.

Skalierbarkeit

Outsourcing kann Unternehmen auch Skalierbarkeit bieten und es ihnen ermöglichen, ihre Abläufe schnell und einfach an veränderte Anforderungen anzupassen. Beispielsweise kann ein Unternehmen seine Fertigung an einen Drittanbieter auslagern und so die Produktion in Spitzenzeiten schnell steigern, ohne in neue Ausrüstung investieren oder zusätzliches Personal einstellen zu müssen.

Risikominderung

Outsourcing kann Unternehmen auch dabei helfen, Risiken zu mindern, indem bestimmte Verantwortlichkeiten an einen externen Anbieter übertragen werden. Beispielsweise kann ein Unternehmen seine Datensicherheit an einen auf Cybersicherheit spezialisierten Drittanbieter auslagern. Dies kann dazu beitragen, das Risiko von Datenschutzverletzungen und anderen Sicherheitsbedrohungen zu verringern.

Wettbewerbsvorteil

Durch die Auslagerung bestimmter Funktionen können sich Unternehmen einen Wettbewerbsvorteil gegenüber ihren Mitbewerbern verschaffen. Outsourcing ermöglicht es Unternehmen, auf spezielle Fähigkeiten und Kenntnisse zuzugreifen, die intern möglicherweise nicht verfügbar sind, und so ihren Kunden bessere Produkte und Dienstleistungen anbieten zu können.

Insgesamt kann Outsourcing Unternehmen jeder Größe mehrere Vorteile bieten.

Durch die Reduzierung von Kosten, die Steigerung der Effizienz, den Zugriff auf spezielle Fähigkeiten und Erfahrungen, die Bereitstellung von Skalierbarkeit, die Minderung von Risiken und die Erlangung eines Wettbewerbsvorteils kann Outsourcing Unternehmen dabei helfen, ihre Ziele zu erreichen und im heutigen wettbewerbsintensiven Geschäftsumfeld erfolgreich zu sein.

8- KOSTENKONTROLLE.

Jetzt möchte ich ganz ernsthaft zu Ihnen sprechen: Excel zur Kontrolle der Ausgaben Ihres Kleinunternehmens ist ... unzureichend.

Am Anfang funktioniert es sehr gut, aber wenn das Unternehmen wächst, werden die Vorteile der Tabellenkalkulation nicht mehr genutzt.

Sobald ein paar Ausgaben mehr anfallen, als man es gewohnt ist, entsteht Chaos.

Und Chaos hat Konsequenzen: doppelte Zahlungen, entgangene Ausgaben, endlose Rückerstattungen und fehlende Informationen zur Steigerung der Rentabilität des Unternehmens.

Welche Ausgaben hat ein Kleinunternehmen?

Obwohl es besser ist, mit einer anderen Frage zu beginnen:

Was haben kleine Unternehmen, was große nicht haben?

Im Allgemeinen ein kleineres Handelsvolumen.

Das verursacht weniger Arbeit und aus diesem Grund erscheint die Abrechnung mit Excel ausreichend.

Das Problem beginnt, wenn Sie nicht erkennen, dass Ihr Unternehmen wächst und gleichzeitig mehrere neue Ausgaben anfallen. In diesem Fall ist es sehr wahrscheinlich, dass einige davon in der Buchhaltung des Unternehmens unberücksichtigt bleiben.

Und das macht die Zahlung der Steuern nicht optimal.

Mangelnde Kontrolle führt dazu, dass man mehr zahlt, als man sollte, was völlig im Widerspruch zum Ziel steht, die Rentabilität eines Unternehmens zu steigern, insbesondere wenn es klein ist.

Zahlungen mit eigenem Geld und Rückerstattungen

Diese mangelnde Kontrolle entsteht vor allem bei Zahlungen mit eigenem Geld, sei es in bar oder mit Karte.

Wenn Sie mit Karte bezahlen, wird alles aufgezeichnet und Sie können es jederzeit überprüfen, um sicherzustellen, dass Sie keine Ausgaben vergessen haben, obwohl dies nicht ideal ist.

Und was passiert, wenn ein Kleinunternehmer eine Zahlung mit einem 50-Dollar-Schein vornimmt, weil er die Karte nicht bei sich hat?

Diese Kosten müssen durch die Buchhaltung bestätigt werden, die den Arbeitnehmer zur Vorlage einer vereinfachten Rechnung auffordert.

Wenn alles gut geht, beginnt ein Erstattungsprozess, der in der Regel Wochen dauert und in der der Arbeitnehmer ohne seine 50 US-Dollar auskommt.

Was wäre, wenn der Arbeitnehmer 50 US-Dollar in bar und weitere 230 US-Dollar mit seiner eigenen Karte vorzahlen müsste?

Sie werden auch die Kontrolle über die Staatskasse verlieren.

In der Kasse eines Unternehmens muss immer Bargeld vorhanden sein. Zumindest muss eine umfassende Kontrolle darüber erfolgen, wie viel Geld vorhanden ist, wie viel bald herauskommen wird und wie viel es in ein paar Wochen sein wird.

Wenn die Ausgabenkontrolle Ihres Kleinunternehmens nicht umfassend ist, führt Improvisation zu mangelnder Kontrolle des Cashflows und erhöht das finanzielle Risiko.

Was passiert, wenn Sie plötzlich mit einer unerwarteten Investition konfrontiert werden? Wenn kein Bargeld in der Kasse ist, beginnen die Probleme.

Die Ausgaben werden zum Feind und nicht umgekehrt.

Dieser Mangel an Kontrolle wird dazu führen, dass Ihnen Kosten entstehen.

Sie fangen an, Ausgaben als eine Bedrohung zu betrachten, als etwas, das Ihrer Wachstumsstrategie zuwiderläuft ... obwohl es eigentlich nicht so sein sollte.

Die Kosten müssen bezahlt werden und belasten die Konten des Kleinunternehmens, sie können aber auch den entscheidenden Wachstumsschub für das Unternehmen darstellen.

Ausgaben ermöglichen es Ihnen beispielsweise, Ihren Steuerkalender zu optimieren, um alle möglichen Steuern abzuziehen.

Eine umfassende Kontrolle über die Ausgaben Ihres Unternehmens ermöglicht es Ihnen, alle Ausgaben zu lokalisieren und abzurechnen, sodass Sie Quartal für Quartal oder Monat für Monat weniger zahlen müssen.

Die Ausgaben müssen immer Ihre Verbündeten sein.

Die häufigsten Ausgaben eines Kleinunternehmens

Der erste Schritt zur Kontrolle der Ausgaben eines kleinen, mittleren oder großen Unternehmens besteht darin, diese zu kennen.

Natürlich hängt es von der Branche ab, zu der das Unternehmen gehört. Die Kosten eines Floristen werden nicht die gleichen sein wie die einer Anwaltskanzlei.

Direkte Ausgaben: Dies sind diejenigen, die mit der Produktion des Kleinunternehmens zu tun haben, wie z. B. Materialien, Lieferanten oder Arbeitskräfte.

Indirekte Ausgaben: das Gegenteil, etwa Büromiete oder Computerausrüstung.

Fixkosten: Sie sind immer gleich, egal, ob sie mehr oder weniger anfallen, etwa die Büromiete oder das Gehalt des Verwaltungspersonals

Variable Ausgaben: Diese Ausgaben werden durch die Steigerung oder den Rückgang der Produktion beeinflusst. Dies sind Materialien und Rohstoffe, Kosten für Lieferanten, Arbeitskräfte usw.

Betriebskosten: Materialeinkauf, Gehälter aller Arbeiter und Versandkosten.

Nicht betriebliche Aufwendungen: Sie haben nichts mit der Tätigkeit des Unternehmens zu tun; Bußgelder und Sanktionen, Zinszahlungen für Kredite…

Nicht betriebliche Ausgaben, so unerwartet sie auch sein mögen, sind für kleine Unternehmen, die oft improvisieren, die Kontrolle über ihre Ausgaben zu übernehmen, äußerst gefährlich.

So reduzieren Sie die Ausgaben in Ihrem Kleinunternehmen.

Überprüfen Sie die Abonnements

Abonnements für Programme oder Dienste sind eine fantastische Ressource, da die monatlichen Zahlungen normalerweise gering sind und viel für sehr wenig Geld bieten.

Das Problem besteht darin, dass sie, wenn sie nicht mehr verwendet werden, aufgrund ihres günstigen Preises weiterhin bezahlt werden, falls Sie sie erneut benötigen.

So vergehen Wochen und plötzlich wird einem klar, dass 50 Dollar im Monat über zwei Jahre hinweg völlig unnötig ausgegeben wurden.

Überprüfen Sie regelmäßig alle Abonnements, für die das Unternehmen bezahlt. Möglicherweise stoßen Sie auf eines, das nur von einem ehemaligen Mitarbeiter genutzt wurde, der nicht mehr dort ist.

Lieferanten sehr gut kontrollieren.

Beziehungen zu Ihren Lieferanten sind auch eine Möglichkeit, die Kosten in Ihrem Unternehmen zu senken.

Wenn Sie die idealen Lieferanten bewerten und den Vertrag formalisieren, kommt es Ihnen möglicherweise fantastisch vor. Guter Preis, gute Konditionen... Ihr

Unternehmen ist klein und Sie haben den Eindruck, dass der Lieferant Ihnen einen Gefallen tut.

Aber jetzt, da die Zeit vergangen ist, haben Sie durch die Anzahl der Anfragen, die Sie an ihn richten, gesehen, dass Sie ihm einen Gefallen tun.

Warum nutzen Sie es nicht aus?

Es geht darum, mit ihm neu zu verhandeln, einen besseren Preis oder bessere Konditionen, mit der Garantie, dass sich Ihr Kleinunternehmen von Anfang an gewissenhaft daran hält.

Was aber, wenn Sie Ihre Lieferanten verwalten und alles darauf konzentrieren?

Es ist eine gute Möglichkeit, ihn dazu zu bringen, den Preis zu senken: eine größere Menge zu bestellen.

Wenn Sie 1.000 Einheiten für 30 US-Dollar kaufen, zahlen Sie 30.000 US-Dollar für 1.000 Einheiten, also 30 US-Dollar pro Einheit.

Zu diesen Kosten müssten Sie die Zahlungen an die anderen sechs Lieferanten, mit denen Sie zusammenarbeiten, hinzurechnen.

Insgesamt 140.000 US-Dollar.

Wenn Sie alles zentralisieren und 15.000 Einheiten für 20 US-Dollar kaufen, zahlen Sie 100.000 US-Dollar, aber 20 US-Dollar pro Einheit … mit einer viel höheren Rentabilitätsspanne.

Sie können sich wahrscheinlich nicht nur auf einen einzelnen Anbieter verlassen, aber wenn Sie die Kosten auch nur ein wenig reduzieren und zentralisieren können, ist es viel besser.

Suchen Sie nach einer alternativen Finanzierung

Das der Banken ist in Ordnung, denn man weiß, dass sie starke Einheiten sind und Vertrauen schaffen.

Aber Interessen sind eine Falle, die Sie zum Aufgeben zwingen oder Ihr Wachstum verhindern kann, wenn Sie eine passende Gelegenheit sehen.

Suchen Sie nach Alternativen mit viel niedrigeren Zinssätzen, die es Ihnen ermöglichen, über zusätzliche Mittel zu verfügen, um bestimmte Kampagnen oder Investitionen durchzuführen, ohne zu viel zu bezahlen.

Prozesse automatisieren.

Technologie ist eine wunderbare Ressource, um sich wiederholende und mühsame Aufgaben zu vermeiden, die normalerweise zu viel Zeit in Anspruch nehmen.

Eingabe von Spesenabrechnungsdaten zum Beispiel in Buchhaltungsprogramme für Kleinunternehmen.

Oder die Berechnung von Steuern.

Oder die Erstellung der Spesenabrechnung selbst.

Oder Berichtserstellung.

Weitere Methoden zur Kostensenkung in kleinen Unternehmen:

Erwägen Sie Telearbeit, die für Sie als Unternehmen von Vorteil sein kann.

Optimiert die Lieferkette; Je länger es dauert, desto mehr Sparmöglichkeiten gibt es

Arbeiten Sie mit anderen kleinen Unternehmen zusammen, um mehr Bestellungen beim gleichen Lieferanten zu erhalten und einen noch besseren Preis zu erzielen.

Erstellen Sie eine Spesenrichtlinie, um unnötige Ausgaben der Belegschaft zu vermeiden.

Tipps zur Kostenkontrolle für ein kleines Unternehmen.

Erstellen Sie eine Unternehmensausgabenrichtlinie.

Man muss die Bibel der Ausgaben erstellen, damit sich jeder darüber im Klaren ist, was als Betriebsausgabe berücksichtigt werden kann und was nicht und wie im Einzelfall vorzugehen ist. Dies hilft Ihnen, mögliche Streitigkeiten im Rückerstattungsprozess zu vermeiden und vor allem völlig unnötige Kosten zu vermeiden.

Führen Sie regelmäßig eine Kostenanalyse Ihres Kleinunternehmens durch.

Einer der Vorteile des Einsatzes von Technologie für die Buchhaltung und Kostenkontrolle besteht darin, dass Sie diese mühelos analysieren können.

Sie verfügen über Kosten- und Ausgabenanalysesysteme, mit denen Sie diese durch Kategorisierung analysieren können, um beispielsweise zu sehen, welches über den Erwartungen liegt.

Und wenn Sie aufsteigen möchten, gibt es Predictive-Analytics-Tools, mit denen Sie große Ausgabenbeträge verarbeiten und Zukunftsprognosen erstellen können, damit Sie sich vorbereiten können.

Erstellen Sie Finanzberichte und arbeiten Sie mit ihnen.

Die Analyse kann noch einfacher werden, wenn Sie über ein System verfügen, das Finanzberichte automatisch erstellt.

Mit der Technologie können Sie visuelle Berichte, Grafiken und Diagramme erstellen, sodass Sie wichtige Informationen auf einen Blick sehen können.

Finanzberichte werden sehr nützlich sein, um sie mit dem Team zu teilen und sie zu motivieren, vor allem aber, um fantastische Informationen zu erhalten, anhand derer

Entscheidungen getroffen werden können, die die strategische Ausrichtung des Unternehmens markieren.

Machen Sie alles in Echtzeit.

Ein weiterer fantastischer Aspekt der Technologie besteht darin, dass Sie Finanzanalysen und Berichte in Echtzeit erhalten können. Es ist nicht länger notwendig, auf den Finanzabschluss zu warten, um zu analysieren und Entscheidungen zu treffen; auf keinen Fall. Sie können das Tool so einstellen, dass es Ihnen jeden Morgen den PDF-Bericht per E-Mail zusendet. Wenn Sie ihn zu einem bestimmten Zeitpunkt überprüfen möchten, erhalten Sie ihn mit nur zwei Klicks.

In Zeiten hoher Unsicherheit, wie wir sie derzeit erleben und die insbesondere Unternehmen trifft, die nicht so viel Handlungsspielraum haben, sind Echtzeitinformationen unerlässlich.

9 - DIE AUSRICHTUNG ZUM ERFOLG.

Bei erfolgreichen Unternehmern bedeutet das Bedürfnis, seine Ziele zu erreichen, eine große Arbeitsfähigkeit sowie die Hartnäckigkeit und Beharrlichkeit, die erforderlich sind, um den gesetzten Kurs beizubehalten. Diese Fähigkeit sollte jedoch nicht mit der anfänglichen Begeisterung des Unternehmers verwechselt werden, der ein Unternehmen gründet. Diese scheitern oft daran, dass sie wenig planen. Oder sie haben Probleme, das Unternehmen aufrechtzuerhalten, weil sie Menschen sind, die immer etwas anfangen, aber nicht wissen, wie sie es im Laufe der Zeit aufrechterhalten können, wenn sie nicht jemand anderen mit der Leitung des Unternehmens beauftragen.

Ihre Hartnäckigkeit und Ausdauer werden vom ersten Moment an als Unternehmer auf die Probe gestellt. Um sich nicht selbst zu blockieren, müssen Sie daran denken, kleine Schlachten zu gewinnen, und nicht versuchen, den Krieg zu gewinnen. Kleine Erfolge helfen, große Ziele zu erreichen. Denken Sie zum Beispiel daran, wie Sie einen Elefanten essen würden. Viele Leute werden sofort sagen, dass es unmöglich ist, einen Elefanten zu essen. Ein leistungsorientierter Mensch wird nach und nach sagen. Wenn Sie gut planen und es in Teile aufteilen, können Sie es natürlich sicher essen.

Alle Experten sagen, dass es unmöglich ist, Unternehmer zu werden, wenn man keine Initiative hat. Darüber hinaus haben reinrassige Unternehmer ein so ausgeprägtes Bedürfnis, etwas Eigenes zu schaffen, dass sie bereits wissen, dass sie Unternehmer sein werden, bevor sie überhaupt wissen, welches Unternehmen sie gründen werden. Aber viele andere Unternehmer suchen einfach nach einer Möglichkeit, in ihrem Unternehmen die Arbeit zu erledigen, die ihnen gefällt. Dieses Unternehmerprofil verliert den nötigen Enthusiasmus und Tatendrang, um erfolgreich zu sein, wenn Probleme auftreten. Es sind Menschen, die ein Unternehmen gegründet haben, weil sie unabhängig sein wollten, aber sie haben nicht alle Opfer eingeschätzt, die diese Entscheidung mit sich bringt, und sie erkennen zu spät, dass sie nicht bereit sind, diesen Preis zu akzeptieren.

Als Erstes sollten Sie die Barriere identifizieren, die Ihre Initiative behindert, um die für Ihr Problem am besten geeignete Strategie zu entwickeln. Es kann vorkommen, dass die Initiative durch Gewohnheiten gebremst wird, die Ihre Handlungsorientierung einschränken, wie z. B. die Tendenz, alles zu überanalysieren, den Verlust der Vision Ihres Unternehmens, das Fehlen klarer Prioritäten oder die Tendenz, mit den Ergebnissen zu perfektionistisch umzugehen. . Oder es kann auf Ursachen zurückzuführen sein, auf die Sie keinen Einfluss haben, beispielsweise auf einen Mangel an Kapital oder der notwendigen

Unterstützung für die Durchführung des Geschäfts. Versuchen Sie, Ihre Initiative zu entwickeln, indem Sie Gewohnheiten fördern, die die Entscheidungsfindung selbst in den kompliziertesten Momenten erleichtern. Gewöhnen Sie sich beispielsweise daran, das Kosten-Nutzen-Verhältnis Ihrer Entscheidungen auf dem Papier zu analysieren und treffen Sie die Entscheidung, wenn das Risiko nicht hoch ist. Sie sollten sich auch daran gewöhnen, Dinge zu planen, indem Sie Prioritäten setzen und Aufgaben vermeiden, die Sie von Ihren Zielen ablenken. Erstellen Sie eine kurz-, mittel- und langfristige Agenda und schreiben Sie die kleinen Erfolge auf, die Sie erzielt haben, um Ihr Vertrauen in Ihr Projekt zurückzugewinnen. Wenn Sie die Initiative verloren haben, weil Sie sich über Ihre Geschäftsidee nicht mehr im Klaren sind, versuchen Sie, Ihre Vision wiederherzustellen, herauszufinden, welche Dinge Sie daran noch begeistern, und zu analysieren, ob Sie über die Mittel verfügen, diese umzusetzen. Wenn Sie nicht herausfinden, wie Sie es in die Tat umsetzen können, jagen Sie einem unerreichbaren Traum nach.

Neugier ist ein Persönlichkeitsmerkmal vieler Unternehmer. Wenn Sie zu denen gehören, die immer auf der Suche nach neuen Herausforderungen sind, Spaß am Lernen haben und ständig versuchen, Ihre Ziele zu übertreffen, dann haben Sie darin eine Ihrer größten Stärken. Die Neugier des Unternehmers dient dazu, neue Geschäftszweige, neue Märkte zu finden und sogar neue Unternehmen zu gründen, die sich völlig voneinander unterscheiden. Es kommt jedoch auch vor, dass einige erfolgreiche Unternehmer aufgrund eines Übermaßes an Selbstvertrauen, das sie dazu bringt, sich den Ideen anderer zu verschließen, sich selbst einschränken. Wir erinnern sie an ein chinesisches Sprichwort, das besagt: Wenn der Schüler bereit ist, erscheint der Lehrer.

Lernen ist eng mit Selbsterkenntnis und der Fähigkeit, Kritik anzunehmen, verbunden. In diesem Sinne besteht der erste Schritt zur Verbesserung darin, zu akzeptieren, dass man nicht alles weiß. Lernen Sie, die Überzeugungen zu erkennen, die Ihre Sicht auf die Dinge einschränken, und akzeptieren Sie Ihre Fehler. Wenn Sie es nicht tun, ist kein Lernen möglich.

Routine ist eine weitere Hauptfalle zur Verbesserung der Lernfähigkeit. Um Ihrem Geist keine Grenzen zu setzen, gewöhnen Sie sich daran, nach neuen Vorgehensweisen zu suchen und denken Sie daran, dass alles verbessert werden kann. Fördern Sie Ihre intellektuelle Neugier, indem Sie alle Arten von Informationen sammeln, auch solche, die nicht direkt mit Ihrem Unternehmen zusammenhängen.

Die eigenen Grenzen zu erkennen ist einer der Schlüssel zum Selbstvertrauen. Beim persönlichen Lernen ist auch die Sichtweise anderer entscheidend. Versuchen Sie, den kritischen Geist der Menschen, denen Sie vertrauen, zu stärken und analysieren Sie, in welchen Bereichen Sie sich verbessern müssen.

Es fördert andere Fähigkeiten, die in direktem Zusammenhang mit der Lernfähigkeit stehen, wie etwa Kreativität, die Fähigkeit, Fehler zu akzeptieren und mit anderen zu kommunizieren.

Intuition und die Fähigkeit, die Zukunft vorherzusehen, sind zwei wesentliche Werte in den heutigen Märkten. Alle Unternehmer müssen sich irgendwann während der Gründung oder Entwicklung des Unternehmens dem Lackmustest stellen, Probleme mit minimalen Informationen zu lösen. Oder sie sind gezwungen, in Zeiten höchster Unsicherheit wichtige Entscheidungen für die Zukunft des Unternehmens zu treffen.

Diese beiden oft als angeboren angesehenen Fähigkeiten haben viel damit zu tun, wie wir mit Problemen umgehen. Es kommt sehr häufig vor, dass wir uns bei

Problemen fragen, warum ich das nicht getan habe? Solche Fragen halten uns in der Vergangenheit gefangen.

Andererseits stellen sich Fragen wie „Warum?" Sie helfen uns, uns in der Zukunft zu positionieren: Warum mache ich das? Was möchte ich erreichen?

Um das intuitive Denken zu verbessern, müssen Sie sich daran gewöhnen, den Markt und Ihr Unternehmen aus einer Gesamtsicht zu analysieren. Wenn Sie sich auf die kleinen Details konzentrieren, schränken Sie Ihre Fähigkeit ein, die Zukunft vorherzusehen. Denken Sie jedoch daran, dass es nicht bedeutet, sich von Ihrer Intuition leiten zu lassen, dass Sie auf das Sammeln aller möglichen Informationen verzichten müssen, bevor Sie ein Problem lösen. Oder dass Sie wichtige Entscheidungen treffen, ohne die Konsequenzen zu analysieren. Der Schlüssel liegt darin, zu lernen, Informationen zu vereinfachen, die wichtigsten Ideen zur Erklärung komplexer Situationen zu erkennen und zu versuchen, Zusammenhänge zu erkennen, die auf den ersten Blick nicht offensichtlich sind.

Ob Sie glauben, dass Sie es können oder ob Sie glauben, dass Sie es nicht können, in beiden Fällen haben Sie Recht.

Dieser bekannte Satz von Henry Ford spiegelt sehr gut die Bedeutung des Selbstvertrauens seiner Gründer für den Erfolg oder Misserfolg eines Unternehmens wider. Wenn Sie glauben, dass Sie es schaffen, werden Sie es mit hoher Wahrscheinlichkeit erreichen, aber wenn Sie denken, dass Sie es nicht schaffen, werden Sie scheitern. Und das bedeutet nicht, dass der Unternehmer keine Zweifel an seinem Geschäft hat.

Gerade in Krisenzeiten wird das Selbstvertrauen auf die Probe gestellt. Sie müssen sich darüber im Klaren sein, was Sie erreichen wollen und wie Sie es erreichen wollen. Und seien Sie sich bewusst, dass der Weg durch das Gehen geschaffen wird, denn viele Dinge werden sich nicht so entwickeln, wie Sie es erwartet haben. Wenn Sie Selbstvertrauen haben, werden die Ängste vor dem, was morgen passieren wird, überwunden. Wenn nicht, sinken Sie.

Selbstvertrauen wird durch die Verbesserung der Selbsterkenntnis erlernt. Sie müssen innehalten, um zu analysieren, worauf Ihre Erfolge und Misserfolge basieren, um herauszufinden, wo Ihre Grenzen liegen. Viele Menschen trauen sich selbst nicht, weil sie nicht wissen, wer sie sind, sie verfallen in Defätismus und sind stark von der Meinung ihrer Mitmenschen abhängig.

Das Selbstvertrauen wird durch erzielte Erfolge gestärkt. Trauen Sie sich, Herausforderungen anzunehmen und schreiben Sie Ihre Erfolge auf Papier, zusammen mit einer Erklärung der Ursachen, die sie möglich gemacht haben. Diese Informationen werden Ihnen helfen, kluge Entscheidungen zu treffen, wenn Sie erneut mit ähnlichen

Situationen konfrontiert werden. Machen Sie dasselbe mit Fehlern, um eine Wiederholung zu vermeiden.

Henry Ford sagte auch, dass Scheitern die Gelegenheit sei, es noch einmal auf intelligentere Weise zu versuchen. Eine Idee, die ihm sicherlich zum Erfolg der Ford Motor Company verholfen hat, nachdem er bei zwei früheren Automobilbauprojekten gescheitert war. Fast alle Unternehmer mussten auf ihrem Weg zum Erfolg schon einige Misserfolge überwinden. Der beste Geschäftsmann macht viele schlechte Geschäfte. Unternehmer haben am Anfang keine Angst und wir lernen aus Fehlern. Dies ist der beste Lernkurs, den Sie machen können.

Da sich viele Misserfolge nicht vermeiden lassen, besteht der beste Impfstoff dagegen darin, die sogenannte Misserfolgsresistenz zu stärken. Das Hauptrisiko für diejenigen, die scheitern, besteht darin, dass sie sich wie ein Versager fühlen. Es ist wichtig, zwischen Fakten und Urteilen zu unterscheiden. Urteile geben Ihnen das Gefühl, ein Versager zu sein, und hindern Sie daran, voranzukommen. Wenn Sie sich jedoch auf die Realität und die Fakten konzentrieren, können Sie Misserfolge als Lernerfahrung betrachten, die Sie Ihrem Ziel näher bringt.

Die Fähigkeit, bei schwierigen Verhandlungen ein Lächeln auf den Lippen zu bewahren oder angesichts feindseliger Menschen mit den negativsten Emotionen umzugehen, kann der Schlüssel dazu sein, die notwendige Unterstützung für das Unternehmen zu erhalten. Die Erfahrung zeigt jedoch, dass nicht alle Unternehmer in der Lage sind, dem Druck und der Belastung standzuhalten, die der Prozess der Unternehmensgründung mit sich bringt.

Emotionen sind oft unvermeidlich. Wenn dich jemand anschreit, bekommst du Angst. Aber Sie können lernen, Ihre Reaktion zu kontrollieren und eine andere Emotion zu erzeugen. Wenn Sie in einem Moment der Wut oder

Anspannung eine Pause einlegen, mit einem Freund gehen und sich entspannen, haben Sie nach einer Weile eine neue Emotion erzeugt.

Die Situation aufzubrechen ist in den meisten Fällen der beste Weg, um aus einem Moment der Anspannung herauszukommen. Immer wenn die Entscheidung oder der Konflikt auf einen späteren Zeitpunkt verschoben werden kann, empfiehlt es sich, diese Strategie zu verfolgen, um das Problem gelassener analysieren zu können. Die meisten Menschen, die wütend werden, reagieren leicht heftig, wenn sie sich von ihrem Gesprächspartner persönlich angegriffen fühlen. Deshalb müssen Sie in schwierigen Verhandlungen oder wenn Sie Ihr Projekt vor feindseligen Menschen verteidigen müssen, lernen, den Ball (Ihr Projekt oder Ihre Ideen) vom Spieler (sich selbst) zu trennen. Wenn Sie glauben, dass die Leute, die Ihr Projekt angreifen, nicht Sie persönlich angreifen, können Sie negative Reaktionen leichter vermeiden. Die Einschränkungen liegen möglicherweise bei Ihrem Projekt, nicht bei Ihnen. Oftmals hängen die gegensätzlichen Positionen mit dem Mangel an Dialog zusammen. Wann immer eine Situation zu einem Interessenkonflikt führen könnte, versuchen Sie, der anderen Partei zuzuhören, sich in ihre Lage zu versetzen und zu versuchen, eine Situation zwischen den beiden zu finden. Wenn die andere Person nicht kooperiert, müssen Sie ihr klar machen, dass ihre Haltung niemandem nützt und dass Sie nicht bereit sind, das Gespräch unter diesen Bedingungen zu führen.

Fehler sind nicht gleichbedeutend mit Misserfolgen, auch wenn beide als Lehren für die Zukunft dienen. Der Unterschied besteht im Wesentlichen darin, dass Misserfolge auf die Probleme anderer Menschen zurückzuführen sein können, während Fehler immer in unserer Verantwortung liegen. Daher ist die Übernahme der Verantwortung, die wir für sie tragen, der erste Schritt, um sie zu vermeiden.

Ein weiterer wichtiger Unterschied besteht darin, dass Fehler nicht immer zum Scheitern führen. Der rechtzeitig erkannte Fehler kann behoben werden, bevor es zu spät ist. Man muss akzeptieren, dass die Möglichkeit, Fehler zu machen, Teil des Jobs ist. Wer davon ausgeht, dass er Fehler machen kann, kann lernen, zu erkennen, warum er sie macht, und kann die Schwierigkeiten erkennen, die dazu führen, dass er Fehler macht, und eine Reaktion antizipieren, bevor er sie macht.

Es gibt Menschen, die dazu neigen, Bälle wegzuwerfen, wenn sie einen Fehler machen. Sie geben dem Markt und anderen die Schuld, dass sie ihre Ziele nicht erreichen konnten. Mit dieser Einstellung kann man nicht lernen. Sie müssen die Verantwortung für Probleme und Fehler übernehmen, um sie zu lösen. Wenn Sie nicht Teil der Lösung sind, werden Sie sie nie finden.

Eine weitere Haltung, die diese Fähigkeit einschränkt, ist Passivität. Man muss sich daran gewöhnen, alles neu zu überdenken, vom Offensichtlichsten bis zum Absurdsten.

Alle Unternehmer sind stark risikoorientiert, sonst würden sie nie den entscheidenden Schritt wagen. Was ihnen oft fehlt, ist die Fähigkeit, das Risiko zu messen, das sie bereit sind einzugehen – viele entdecken zu spät, dass sie nicht bereit sind, alles zu opfern, was das Geschäft von ihnen verlangt – und das Risikoniveau, das sie eingehen können, ohne zu scheitern. Die anfängliche Euphorie und die Eile, das Projekt Wirklichkeit werden zu lassen, führen dazu, dass sie ihre Fähigkeiten überschätzen.

Trotz der Bedeutung dieser Fähigkeit in allen Phasen eines Unternehmens ist die kaufmännische Fähigkeit eine der größten Schwächen von Unternehmern. Die meisten erkennen, dass es ihnen an der nötigen Fähigkeit mangelt, Kunden anzulocken, dass sie nicht über ausreichende Marktkenntnisse verfügen oder nicht wissen, wie sie den Verkauf ihrer Dienstleistungen und Produkte organisieren sollen. Die gute Nachricht ist, dass diese Fähigkeit leicht zu entwickeln ist, obwohl viele Unternehmer darauf verzichten und einen Partner suchen, der sich um diesen Geschäftsbereich kümmert.

Experten empfehlen, das Verkaufsverhalten durch Rollenspielübungen zu verändern. Der Unternehmer sieht sich realen Verkaufssituationen gegenüber, die aufgezeichnet, betrachtet oder analysiert werden. Auf diese Weise kann er darüber nachdenken, welche Aspekte seines Verhaltens, sowohl verbal als auch nonverbal, die positive oder negative Reaktion des Klienten hervorgerufen haben könnten. Wenn es positiv ist, muss er dieses Verhalten verstärken, wenn es negativ ist, muss er es ändern. Das Endziel besteht für ihn darin, seine effektivsten Fähigkeiten zu verbessern und die unzureichenden Fähigkeiten in verschiedenen Verkaufssituationen zu modifizieren. Es wird außerdem empfohlen, den Verkauf anhand des Produkts durch einen emotionaleren Verkauf zu ersetzen, der sich am Kunden orientiert, der über den Kauf entscheidet. Kurz gesagt: Verbessern Sie das aktive Zuhören, die Kontrolle Ihrer Emotionen und Ihr Einfühlungsvermögen, um den Kunden zu verstehen, zu wissen, was er will, und in der Lage zu sein, es ihm anzubieten.

Ihre Fähigkeit, andere zu beeinflussen und zu überzeugen, ist für das Erreichen Ihrer Ziele genauso wichtig wie Ihre eigene Anstrengung. Denken Sie natürlich daran, dass Überzeugen nicht bedeutet, andere zu Ihrem eigenen Vorteil zu manipulieren. Langfristiges Engagement gelingt nur durch Vertrauen.

Die Fähigkeit zur Überzeugungsarbeit ist eng mit Ihren Kommunikationsfähigkeiten verbunden: Verbessern Sie Ihre verbale und nonverbale Kommunikation und achten Sie stets darauf, dass das, was Sie sagen, mit dem, was Sie tun, im Einklang steht. Ihre Glaubwürdigkeit ist der Schlüssel zur Beachtung.

Um andere zu überzeugen, müssen Sie ihre Beweggründe und Interessen kennen. Denken Sie daran, dass Kommunikation nicht bedeutet, zu reden, sondern wenig zu reden und dem anderen zuzuhören. Kommunikation ist der Schlüssel zu allen zwischenmenschlichen Fähigkeiten: Überzeugungsarbeit, Verhandlung, Verkauf...

Entweder baut man ein gutes Team und gute Beziehungen auf, oder man schafft es alleine nicht. Sie müssen sich wie jede andere Unternehmensaktivität darum bemühen, die notwendigen Kontakte in der Agenda zu planen und zu priorisieren. Es liegt auf der Hand, dass Kontakte für den Unternehmer wichtig sind, doch viele vernachlässigen diesen Aspekt, entweder weil sie sich zu sehr auf den täglichen Aufbau des Geschäfts konzentrieren, oder weil sie immer noch denken, dass Kontakte entstehen, nicht sie werden provoziert. Nichts ist weiter von der Realität entfernt. Ein gutes Kontaktnetzwerk sollte Ihnen alle Ressourcen bieten, die Sie außerhalb Ihres Unternehmens suchen müssen: Informationen, Technologie, Finanzierung, Beratung ..., und dafür müssen Sie es im Voraus planen und gestalten.

Um sich bekannt zu machen, laden Sie Ihre potenziellen Kunden zu kostenlosen Präsentations- und Testsitzungen Ihrer Produkte ein. Versuchen Sie, einen Dialog mit den bedeutendsten Persönlichkeiten Ihrer Branche aufzubauen und schlagen Sie Formen der Zusammenarbeit auf dem Markt, Allianzen usw. vor.

Wirtschaftsverbände sind hierfür ein guter Ort. Beschränken Sie Beziehungen nicht auf rein berufliche Themen, sondern versuchen Sie, persönliche Informationen auszutauschen, um eine gewisse Komplizenschaft zu schaffen: Fußball, Kinder, Projekte ... öffnen Sie die Tür für zukünftige Vertraulichkeiten über den Markt, für mögliche zukünftige Allianzen ...

Verhandlungsgeschick ist eine wesentliche Geschäftsfähigkeit, und wenn Sie nicht mit einer angeborenen Begabung geboren wurden, müssen Sie diese Fähigkeit so weit wie möglich verbessern, da sie die Hauptursache für das Scheitern unerfahrener Unternehmer ist.

Während der Verhandlung müssen Sie eine dialogische Haltung einnehmen, eine Win-Win-Position anstreben und nicht versuchen, den anderen zu schlagen. Darüber hinaus sollten Sie versuchen, persönlich mit der anderen Partei in Kontakt zu treten. Wenn Sie mit Ausländern verhandeln, müssen Sie versuchen, Respekt für ihre Kultur zu zeigen ... Empathie ist sehr wichtig.

Wenn Ihr Gesprächspartner ein Finanzinstitut ist, denken Sie nicht, dass es Ihnen einen Gefallen tut. Erkundigen Sie sich zunächst bei anderen Unternehmen nach den von ihnen angebotenen Konditionen und wenden Sie sich an die Bank, mit der Sie verhandeln möchten, mit der Position: Ich habe das, was können Sie mir anbieten?

Lassen Sie uns nun über Führung sprechen.

Ein Unternehmen zu führen bedeutet nicht, einfach jedem Mitarbeiter zu sagen, was er zu tun hat. Zwischen einer Art der Führung und einer anderen liegt die Fähigkeit des Unternehmers, seine eigene Begeisterung auf das Team zu übertragen. Eine Grundvoraussetzung dafür ist, dass sie sich persönlich in das Projekt einbringen, wenn das Unternehmen wächst.

Durchsetzungsvermögen ist sehr wichtig, damit andere sich am Projekt beteiligen können. Sie müssen sich in die Situation Ihrer Mitarbeiter hineinversetzen und sie dazu bringen, sich in Ihre Lage zu versetzen, indem Sie ihnen das Gefühl geben, ein Kunde zu sein, damit sie verstehen, warum bestimmte Entscheidungen getroffen werden.

Auch der Dialog mit Ihren Mitarbeitern ist wichtig. Sie müssen sicherstellen, dass sich jeder über seine Pflichten im Klaren ist. Kommunikation hilft Ihnen, Ihre Mitarbeiter kennenzulernen und ihre Motivationen und Bedürfnisse zu erkennen. Damit die Menschen Ihnen folgen und motiviert sind, vergessen Sie nicht, ihnen alle notwendigen Mittel zur Verfügung zu stellen, um ihre Ziele zu erreichen.

Denken Sie abschließend daran, dass Ihre Handlungen wie ein Spiegel sind, in dem andere sich selbst betrachten. Um ihr Vertrauen zu gewinnen und dafür zu sorgen, dass sie Ihre Regeln respektieren, versuchen Sie immer, konsequent zu handeln, geben Sie Ihre Fehler zu, wenn nötig, und hängen Sie nicht alle Medaillen für die erzielten Erfolge an sich. Sie müssen das Gefühl haben, Teil des Erfolgs zu sein.

Entscheidungsfindung ist eine Fähigkeit, die eng mit Initiative und Leistungsorientierung verbunden ist und für alle Unternehmer charakteristisch ist. Aber auch Menschen mit Eigeninitiative und Selbstvertrauen können sich aus unterschiedlichen Gründen blockiert fühlen. In den meisten Fällen müssen Wirtschaftsförderer schwierige Entscheidungen zu Themen treffen, die sie nicht beherrschen. Ihre Unsicherheit in diesen Fragen kann Ihre Fähigkeit einschränken, eine Antwort zu finden.

Ein anderes Mal sind sie in der ersten Phase der Unternehmensgründung blockiert, weil sie sich über den Fokus des Unternehmens nicht im Klaren sind oder weil sie nicht wissen, wie sie weitermachen sollen, wenn Probleme auftauchen, für die sie keine Lösung finden.

Die Fähigkeit, schwierige Entscheidungen zu treffen, wird direkt von der Erfahrung des Unternehmers beeinflusst. Wer bereits einen Unternehmensgründungsprozess durchlaufen hat, hat in Krisensituationen leichtere Entscheidungen als unerfahrene Unternehmer. Letzteren empfehlen wir, dass sie danach streben, ihre Absichten in die Tat umzusetzen, und dass sie versuchen, als Unternehmer flexibler zu sein. Entscheidungsfähigkeit ist eng mit Flexibilität verbunden.

Analysieren Sie, woher Ihre mentalen Blockaden kommen. Wenn Ihr Problem darin besteht, dass Sie zu analytisch sind, versuchen Sie, Ihre Entscheidungsfähigkeit zu beschleunigen, indem Sie sich daran gewöhnen, Probleme schriftlich zu bewerten und zusammenzufassen. Versuchen Sie, Kriterien zu erkennen, die Ihnen geholfen haben, in verschiedenen Situationen erfolgreiche Entscheidungen zu treffen, damit Sie diese in ähnlichen Situationen in die Praxis umsetzen können.

Wenn Ihre Entscheidungsunfähigkeit darauf zurückzuführen ist, dass Sie dazu neigen, schwierige Entscheidungen aufzuschieben, zwingen Sie sich, aus dieser Falle herauszukommen, indem Sie sich selbst Grenzen setzen. Sie müssen Aufgaben basierend auf Ihrer Zeit planen und priorisieren. Manche beschweren sich darüber, dass ihnen die Zeit fehlt, andere erreichen gleichzeitig Großes, weil sie handeln. Das ist der Unterschied. Eine andere Möglichkeit, uns zum Handeln zu zwingen, wenn wir uns in einer Sackgasse befinden, besteht darin, die Komfortzone zu verlassen, in der wir uns manchmal niederlassen und die uns daran hindert, nach neuen Wegen zu suchen, Dinge zu tun. Suchen Sie nach unterschiedlichen Herangehensweisen an Probleme.

Es fördert weitere damit verbundene Kompetenzen wie Risikofähigkeit und Kreativität, eine Schlüsselkompetenz für die Erarbeitung kreativer Lösungen in Krisenzeiten.

Sehr häufig kommt es zu Veränderungen auf dem Markt, zu technologischen Neuerungen, zu Gesetzesänderungen ... Als Geschäftsmann muss man sich ganz klar sein: Wenn man eine Vision von einem Unternehmen hat und sich sagt: Das ist mein Weg, übermorgen der Markt Möglicherweise hat sich etwas geändert und Sie müssen sich anpassen. Logischerweise hängt das Überleben des Unternehmens von der Flexibilität des Projektträgers ab. Aber auch die Fähigkeit des restlichen Teams, sich an Veränderungen anzupassen. Beim Change Management muss der Unternehmer alle am Prozess beteiligten Personen einbeziehen. Wenn Sie beispielsweise vorhaben, neue Abläufe im Unternehmen einzuführen, werden Sie möglicherweise feststellen, dass es Menschen gibt, die mit dem Programm desorientiert sind und sich nicht auf die Veränderung einlassen wollen ... Sie müssen ihnen klarmachen, dass sie es tun sind ebenfalls Teil dieses Mechanismus.

Gewöhnen Sie sich daran, die am wenigsten riskanten Entscheidungen improvisiert zu treffen und verbessern Sie so Ihre Reaktionsfähigkeit in kurzer Zeit.

Versuchen Sie, sich mit einem möglichst heterogenen Team zu umgeben, sowohl was die Ausbildung als auch die Persönlichkeit betrifft. Es wird Ihnen helfen, Ihre Fähigkeit zu verbessern, sich an unterschiedliche Sicht- und Handlungsweisen anzupassen.

Lassen Sie sich nicht von der Routine überwältigen und versuchen Sie, die Art und Weise, wie Sie Ihre Aufgaben an der Spitze des Unternehmens erledigen, so vielfältig wie möglich zu gestalten. Diese Übung zur Selbstverbesserung wird Ihnen helfen, sich daran zu erinnern, dass es immer verschiedene Wege gibt, um zum gleichen Ziel zu gelangen. Versuchen Sie, Ihre Fähigkeit, Veränderungen vorherzusehen, zu verbessern, indem Sie Ihre Intuition und Ihre Zukunftsvision stärken.

Der Mangel an Fähigkeiten zur Bildung effektiver Teams hat das Wachstum der Unternehmen der meisten Unternehmer erschwert, und zwar gerade dann, wenn alles reibungslos zu laufen scheint. Und es gibt zu viele Faktoren, die die Bildung eines Teams bestimmen. Viele scheitern bei der Auswahl ihrer Mitarbeiter, weil sie das Profil der zu besetzenden Position nicht genau definiert haben. Andere machen den Fehler, die Leute zu befördern, mit denen sie das Unternehmen gegründet haben, oder die falschen Leute in Schlüsselpositionen für das Unternehmen zu besetzen. Und die meisten scheitern daran, die Leute im Team zu managen. Sie wissen nicht, wie sie sie motivieren sollen, sie kommunizieren schlecht, es fällt ihnen schwer zu delegieren ... Die Unfähigkeit zu delegieren ist möglicherweise für fast alle Unternehmer die größte Schwierigkeit. Für sie ist ihr Unternehmen wie ein Kind, es fällt ihnen sehr schwer, es in die Hände anderer zu legen und am Ende sind sie auf der

Suche nach Menschen, denen sie sagen können, was sie zu tun haben.

Gute Teams sollten maximal genutzt werden. Versuchen Sie nicht, alles selbst zu machen und lernen Sie zu delegieren. Je mehr Ihr Unternehmen wächst, desto mehr Verantwortung sollten Sie delegieren. Denken Sie daran, dass Ihr Unternehmen als Selbstständiger immer mit Ihnen unterwegs ist. Wenn Sie Unternehmer sind, arbeitet das Unternehmen, wenn Sie nicht da sind. Um schließlich die Besten zu behalten, müssen Sie auf die Meinung Ihrer Mitarbeiter hören und dürfen nicht immer versuchen, Ihre eigenen Kriterien durchzusetzen. Kümmern Sie sich um die Kommunikation mit Ihrem Team, denn wenn das Unternehmen wächst, geht ein Teil der internen Kommunikation verloren.

10 - NEUESTE TIPPS

1 – Haben Sie einen klaren Geschäftsplan.

Mit einem Businessplan erfahren Sie, wo Sie stehen und wohin Sie in den nächsten Jahren wollen. Sie müssen detailliert darlegen, wie Sie Ihr Unternehmen und seine Aktivitäten finanzieren, welches Geld Sie benötigen und wie Sie Gewinne erzielen möchten.

2 – Behalten Sie den Überblick über alles, was in Ihrem Unternehmen passiert.

Sie müssen die Entwicklung Ihres Unternehmens regelmäßig überwachen. Sie sollten täglich wissen, wie viel Geld Sie auf der Bank haben, wie viele Verkäufe Sie tätigen und wie hoch der Lagerbestand Ihrer Produkte ist. Sie sollten auch Ihre finanzielle Situation monatlich und im Rahmen Ihres Geschäftsplans überprüfen.

3 – Stellen Sie sicher, dass Ihre Kunden pünktlich bezahlen.

Unternehmen können durch verspätete Zahlungen von Kunden in große Probleme geraten. Um das Risiko von

Zahlungsverzug oder Zahlungsausfall zu verringern, sollten Sie Ihre Kreditkonditionen von Anfang an klar darlegen.

4 – Behalten Sie den Überblick über Ihre täglichen Ausgaben und Ihr Bargeld.

Selbst die profitabelsten Unternehmen können Schwierigkeiten haben, wenn sie nicht über genügend Bargeld verfügen, um die laufenden Ausgaben zu decken, etwa die Miete für Ihre Räumlichkeiten und die Gehälter Ihrer Mitarbeiter.

Sie müssen den Mindest-Cashflow kennen, den Ihr Unternehmen zum Überleben benötigt, und sicherstellen, dass dieser nicht unterschritten wird.

5 – Halten Sie die Buchhaltung auf dem neuesten Stand.

Wenn die Buchhaltung Ihres Unternehmens nicht auf dem neuesten Stand ist, verlieren Sie möglicherweise Geld, weil Sie mit den Zahlungen Ihrer Kunden nicht Schritt halten oder nicht genau wissen, wann Sie Ihre Lieferanten bezahlen müssen.

Mithilfe eines guten Aufzeichnungssystems können Sie Ausgaben, Schulden und Gläubiger überwachen, zusätzliche Finanzierungen beantragen und Zeit und Buchhaltungskosten sparen.

6 – Einhaltung steuerlicher Fristen.

Die Nichteinreichung und Zahlung von Steuern kann zu Bußgeldern und Zinsen führen. Dies sind unnötige Ausgaben, die mit ein wenig Vorausplanung vermieden werden können.

Das Führen genauer Aufzeichnungen spart Ihrem Unternehmen Zeit und Geld und Sie können sicher sein, dass Sie nur die Steuern zahlen, die Sie wirklich schulden. Daher ist es äußerst wichtig, dass Sie Ihren Steuerpflichten rechtzeitig nachkommen.

7 – Seien Sie effizienter und kontrollieren Sie die Gemeinkosten.

Läuft Ihr Unternehmen mit maximaler Effizienz? Eine der einfachsten Möglichkeiten, Kosten zu sparen, ist das Energiesparen. Dafür können Sie vorhandene Geräte effizienter nutzen, energiesparende LED-Leuchten einsetzen und Leuchten und Geräte bei Nichtgebrauch einfach ausschalten.

Zu den Bereichen, die beim Energiesparen berücksichtigt werden müssen, gehören: Heizung, Beleuchtung, Büroausstattung und Klimatisierung.

8 – Behalten Sie den Überblick über Ihren Bestand.

Eine effektive Bestandskontrolle stellt sicher, dass Sie zum richtigen Zeitpunkt über die richtige Menge an Lagerbeständen verfügen, sodass kein unnötiges Kapital gebunden wird.

Zu diesem Zweck können Sie ein System zur Überwachung der Lagerbestände einrichten. Wenn Sie dies kontrollieren, können Sie Bargeld freisetzen und gleichzeitig über die richtige Menge an Lagerbeständen verfügen.

9 – Holen Sie sich die richtige Finanzierung.

Es ist wichtig, dass Sie die richtige Finanzierungsart für Ihr Unternehmen wählen: Jede Finanzierungsart ist auf unterschiedliche Bedürfnisse zugeschnitten. Kleinere Unternehmen verlassen sich tendenziell eher auf die persönliche Finanzierung, aber das ist möglicherweise nicht die beste Finanzierungsart für Ihr Unternehmen.

Informieren Sie sich darüber, wie Sie einen Kredit für Ihr Unternehmen erhalten, um Ihre persönlichen Finanzen nicht zu gefährden.

10 – Sich Problemen stellen, wenn sie auftreten.

Es ist immer sehr stressig, in einem Unternehmen mit finanziellen Problemen zu kämpfen, aber es gibt Hilfe und Ratschläge, die Ihnen dabei helfen, damit umzugehen, bevor sie zu groß werden. Suchen Sie daher so schnell wie möglich professionellen Rat auf.

Sie können erste Schritte unternehmen, um die Auswirkungen zu minimieren, indem Sie beispielsweise zuerst die Schulden angehen und dann das Cash-Management verbessern. Wenn Sie das Gefühl haben, nicht einmal zu wissen, wo Sie anfangen sollen, wenden Sie sich am besten an einen Experten, der Sie bei der Erstellung eines Zahlungs- und Sparplans unterstützt.

11 – Zahlen Sie sich ein Gehalt.

Wenn Sie ein kleines Unternehmen betreiben, kann es einfach sein, Ihre persönlichen Ausgaben in Ihre

Geschäftsausgaben einzubeziehen. Allerdings betont Alexander Lowry, Professor und Leiter des Masterstudiengangs für Finanzanalyse am Gordon College, dass man als Kleinunternehmer seine eigene Rolle im Unternehmen nicht außer Acht lassen sollte und empfiehlt, sich selbst zu entschädigen. Stellen Sie sicher, dass Ihre geschäftlichen und persönlichen Finanzen auf dem neuesten Stand sind.

Und vergessen Sie zum Schluss nie das wichtigste Ziel:

REICH

WERDEN

www.ingramcontent.com/pod-product-compliance
Lightning Source LLC
Chambersburg PA
CBHW062325290526
45794CB00005B/1905

* 9 7 9 8 8 7 2 2 0 3 7 9 7 *